MEYERS

FORUM

Rüdiger Pohl

Geld und Währung

PROF. DR. RÜDIGER POHL, geb. 1945 in Jüterbog; 1964–68 Studium der Volkswirtschaftslehre an der Freien Universität Berlin; 1969–76 Assistententätigkeit, Promotion und Habilitation an der Technischen Universität Hannover; 1977–93 Professor für Volkswirtschaftslehre an der Fernuniversität Hagen; seit 1993 Professor für Volkswirtschaftslehre an der Martin-Luther-Universität in Halle/Saale. – Seit 1986 Mitglied im Sachverständigenrat zur Begutachtung der gesamtwirtschaftlichen Entwicklung. Hauptarbeitsgebiete: Geld und Währung, Konjunkturanalyse, Makroökonomik.
Veröffentlichungen u. a.: Regionale Leistungsbilanzsalden in integrierten Wirtschaftsräumen, Berlin 1971. – Geldkreislauf und Einkommenskreislauf, Berlin 1976. – Theorie der Inflation, München 1981. – Geldtheorie und Geldpolitik. Eine problemorientierte Einführung (zus. mit D. Duwendag, K.-H. Ketterer, D. B. Simmert, W. Kösters), 4. Aufl. Köln 1993.

MEYERS

FORUM

Rüdiger Pohl

Geld und Währung

B.I.-Taschenbuchverlag
Mannheim · Leipzig · Wien · Zürich

MEYERS FORUM 19

Die Deutsche Bibliothek - CIP-Einheitsaufnahme
Pohl, Rüdiger: Geld und Währung /
Rüdiger Pohl. - Mannheim; Leipzig; Wien; Zürich:
BI-Taschenbuchverl., 1993 (Meyers Forum; 19)
ISBN 3-411-10341-8
NE: GT

Satz: Krebs-Gehlen-Druck GmbH, Hemsbach
Druck und Bindearbeit: C.H. Beck'sche Buchdruckerei,
Nördlingen
ISBN 3-411-10331-0

Inhaltsverzeichnis

Vorbemerkung

Dieses Buch soll den Leser in die Grundzüge des Geld- und Währungssystems einführen. Weder ein volkswirtschaftliches Studium noch eine Banklehre werden vorausgesetzt. Nur Neugier sollte der Leser mitbringen, Neugier für Fragen wie diese: Was macht den Wert des Geldes aus, und wie sind die chronischen Preisniveausteigerungen in unserer Wirtschaft zu erklären? Wie wird der Geldumlauf in der Volkswirtschaft gesteuert, und welche Rolle spielen dabei die Deutsche Bundesbank und die Geschäftsbanken? Was steckt hinter Änderungen der Wechselkurse, und wie funktioniert das Europäische Währungssystem? Worauf kommt es bei der institutionelle Ausgestaltung der nationalen Geldordnung und der internationalen Währungsordnung an? In den sechs Kapiteln werden theoretische und institutionelle Aspekte zum Thema Geld und Währung behandelt, gelegentlich ergänzt durch empirische Hinweise. Trotz des knappen Raumes wird eine recht breite Themenpalette behandelt, damit der Leser am Ende sagen kann: ›Ich kenne nun die wichtigsten Elemente des Geld- und Währungssystems und verstehe auch die zentralen Funktionsmechanismen dieses Systems‹.

Hagen, im Januar 1993 Rüdiger Pohl

I. Kapitel: Die Geldwirtschaft

1. Geld als Tauschmittel

Die Volkswirtschaft präsentiert sich als Geldwirtschaft. Die Verwendung von Geld ist den Menschen zur alltäglichen Gewohnheit geworden. Die Völker mögen nach Entwicklungsstand, Kultur und Geschichte noch so unterschiedlich sein: Geld benutzen sie alle. Inflationen haben das Geldwesen immer wieder zerrüttet – aber niemals stand die Geldwirtschaft als solche auf dem Spiel. Geld dient nicht nur – weil Wertangaben zumeist in Geldeinheiten ausgedrückt werden – als Rechenmittel. Das Geld erfüllt im Wirtschaftsleben vor allem zwei Funktionen: Es ist (allein) das allgemeine Tauschmittel, und es ist (neben anderen) ein Wertaufbewahrungsmittel.

Wer Güter anbietet, möchte als Gegenleistung Geld haben; wer Güter kaufen will, bietet als Gegenleistung Geld an. Hier – bei Käufen und Verkäufen – spielt Geld die Rolle des Tauschmittels. Warum die Volkswirtschaften nicht ›reine‹ Tauschwirtschaften bleiben, in denen direkt Güter gegen Güter getauscht werden und wie sich der Übergang von der ›reinen‹ (geldlosen) Tauschwirtschaft zu einer Geldwirtschaft vollzieht, sind Fragen, die die Ökonomen seit jeher beschäftigt haben. Es beginnt mit der Arbeitsteilung und der Mühseligkeit des direkten Tausches, und es schließt mit der Verringerung von Transaktionskosten durch die Verwendung eines Geldgutes.

(a) Arbeitsteilung und direkter Tausch: Grundlage für eine Tauschwirtschaft ist die Arbeitsteilung zwischen den Menschen. Arbeitsteilung bedeutet, daß sich die Menschen eines wirtschaftlichen Gemeinwesens auf die Produktion bestimmter Güter spezialisieren und nicht alle Güter, die sie zum Leben benötigen, selbst produzieren. Der Vorteil von Spezialisierung und Arbeitsteilung liegt darin, daß die Spezialisten Produkte in größeren Mengen und in besserer Qualität liefern können als jene, die alles selbst machen wollen und am Ende nichts richtig beherrschen. Arbeitsteilung zwingt die Menschen zum Gütertausch. Jeder bietet das Gut an, auf das er sich spezialisiert hat und von dem er mehr produziert, als er selber benötigt. Dafür

tauscht er die Güter ein, die er selber nicht produziert, aber dennoch zur Befriedigung seiner Bedürfnisse benötigt.

Solange es kein Geld gibt, ist nur ein direkter Tausch Gut gegen Gut möglich. Aber der ist ausgesprochen mühselig. Zwischen den Tauschpartnern muß eine gegenseitige Übereinstimmung (›doppelte Koinzidenz‹) der Wünsche bestehen. Jeder muß gerade das Gut anbieten, das der andere aktuell nachfragt. Aber diese Übereinstimmung bleibt eher die Ausnahme. Was nutzt es einem Händler, der Kleidung anbietet und Möbel nachfragt, wenn ein Tauschpartner zwar die Kleidung abnehmen will, aber nicht Möbel anbietet, sondern Schmuck. Der Tausch kommt zunächst nicht zustande. Einen Ausweg aus dieser mißlichen Situation stellen Tauschketten unter Einschaltung weiterer Handelspartner dar. Beispielsweise könnte der Händler in dem eben geschilderten Beispiel die Kleidung durchaus gegen den Schmuck eintauschen (obwohl er eigentlich Möbel haben will). Er müßte nur im nächsten Schritt jemanden finden, der ihm den Schmuck abnimmt und dafür die gewünschten Möbel liefert. Solche Tauschketten können über drei, vier oder noch viel mehr Stationen verlaufen, ehe am Ende jeder die Güter losgeworden ist, die er anfänglich angeboten hat, und ehe er die Güter erhalten hat, die er anfänglich erwerben wollte.

(b) Transaktionskosten und Geldgut: Nachteil solcher Tauschketten sind die damit verbundenen Kosten. Informationen (Wer bietet was an, wer fragt was nach?) liegen nicht auf der Straße, sondern müssen erst beschafft werden; es entstehen Informationskosten. Die Güter müssen zwischen verschiedenen Orten transportiert werden, denn die Tauschpartner sitzen nicht alle am selben Ort; es entstehen Transportkosten. Informationskosten und Transportkosten ergeben zusammen die ›Transaktionskosten‹. Je mehr Stufen im Tausch zwischengeschaltet sind, um so höher werden die Transaktionskosten sein.

Gibt es Möglichkeiten, durch Reorganisation des Tauschprozesses Transaktionskosten zu verringern? Betrachten wir die Tauschkette genauer. Hier tauscht der Anbieter ein Gut (Kleidung) gegen ein anderes Gut (Schmuck), welches er als solches gar nicht haben will; er erwirbt dieses Gut nur, um es gegen ein drittes Gut (Möbel) weiterzutauschen, auf das sich sein Begehren letztlich richtet. In einer Tauschkette werden also Güter ›zwischengeschaltet‹. Der entscheidende Punkt ist, daß diese zwischengeschalteten (›intermediären‹) Güter (im Beispiel also der Schmuck) gar nicht um ihrer stofflichen Eigenschaften wegen nachgefragt werden, sondern nur, um weitergetauscht zu werden. Grundsätzlich könnte jedes Gut als ›Zwischengut‹ verwendet werden, denn jedes Gut ist tauschfähig. Aber faktisch eignen sich einige Güter für den (Zwischen-)Tausch besser als andere. Als intermediäres Gut sind Goldstücke besser geeignet als Fische (die schnell stinken) oder Ziegelsteine (die mühselig zu transportieren sind). Hervorragend ist die Tauschfähigkeit eines Gutes, wenn es folgende Eigenschaften aufweist:

– Es ist haltbar. Tauschprozesse brauchen ihre Zeit. Wenn man ein Gut heute eintauscht, um es morgen weiter zu tauschen, darf es in der Zwischenzeit nicht verderben.
– Es ist leicht zu transportieren. Tauschprozesse finden verstreut über die gesamte Welt statt. Güter, die nur mühselig transportiert werden können, eignen sich als Zwischengut nicht.
– Es ist gut teilbar. Im Tauschprozeß werden nicht nur Großeinkäufe, sondern auch Klein- und Kleinsteinkäufe getätigt. Dafür werden kleine Einheiten des Zwischengutes benötigt.
– Es ist verbreitet. Tauschprozesse lassen sich nur über Zwischengüter abwickeln, die viele Leute kennen und daher akzeptieren und die häufig genug vorkommen, damit sie allgemein verfügbar sind.
– Es ist begrenzt vorhanden. Was im Überfluß vorhanden ist, wie der Sand in der Wüste oder das Wasser im Meer, ist nicht tauschfähig und eignet sich auch nicht als Zwischengut.

Jetzt kann die obige Frage nach den Möglichkeiten zur Verringerung von Transaktionskosten beantwortet werden. Gemessen an den eben genannten Kriterien besitzen die einzelnen Güter unterschiedliche Grade an Tauschfähigkeit. Die Transaktionskosten im Tauschprozeß können nun dadurch verringert werden, daß als Zwischengut in den Tauschketten nur Güter mit der höchsten Tauschfähigkeit verwendet werden. Diese intermediären Güter werden mit der Zeit an den Märkten immer häufiger für Tauschzwecke angeboten und nachgefragt, wodurch ihre Tauschfähigkeit weiter zunimmt. Immer mehr Menschen lernen diese Güter kennen und machen die Erfahrung, daß sie sich gut weitertauschen lassen. Immer mehr Menschen akzeptieren dann diese Güter als Zwischengut in Tauschketten.

Damit sind wir der bei Geldwirtschaft angelangt. Der Begriff ›Geld‹ bezeichnet einfach jene Güter, die aufgrund ihrer hohen Tauschfähigkeit bevorzugt in Tauschketten als intermediäres Gut verwendet werden. Ragt aus der Fülle der Güter eines mit besonders niedrigen Transaktionskosten heraus, wird letztlich nur noch dieses allgemein als ›Geldgut‹ verwendet werden. Eine Wirtschaft, in der dieses eine Geldgut bei Tauschgeschäften regelmäßig zwischengeschaltet wird, vollzieht den Übergang von der reinen Tauschwirtschaft zur ›Geldwirtschaft‹.

Allein das Streben der wirtschaftenden Menschen, die Tauschketten so kostengünstig wie möglich abzuwickeln, wird zur Auswahl eines Gutes als Geldgut führen. Es bedarf keines staatlichen Befehls, daß ein Gut zum Geldgut wird.

2. Geld als Wertaufbewahrungsmittel

In den Kassen der wirtschaftenden Menschen ist – über den Durchschnitt eines längeren Zeitraumes gesehen – immer ein bestimmter Bestand an Geld vorhanden. Das ergibt sich schon aus dem Tauschprozeß. Die Geldeinnahmen und die Geldausgaben verlaufen zeitlich nicht synchron. Wer gerade Einnahmen erzielt, aber erst für später eine Ausgabe plant, kann das eingenommene Geld in der Zwischenzeit in der Kasse halten. Doch das erklärt nicht die ganze Kassenhaltung. Die meisten Menschen halten unabhängig von Einnahmen- und Ausgabenüberschüssen dauerhaft einen bestimmten Geldbestand in der Kasse, bringen ihren Kassenbestand also praktisch niemals auf Null. Geld, das dauerhaft in der Kasse gehalten wird, dient insofern gerade nicht dem aktuellen Weitertausch in Güter, kann aber morgen oder übermorgen zum Kauf von Gütern verwendet werden. Geldhaltung bedeutet also ›Wertaufbewahrung‹ im Sinne der Kaufkraftübertragung in die Zukunft. Geld ist mithin ein Wertaufbewahrungsmittel. Es ist freilich nicht das einzige. Auch Wertpapiere, Edelmetalle oder langlebige Güter (vom Auto bis zur Immobilie) können morgen oder übermorgen veräußert werden; auch sie sind Wertaufbewahrungsmittel. Wertaufbewahrung in Form der Geldhaltung hat Nachteile, zum Beispiel in Form entgangener Einnahmen. Die Anlage von

Vermögen in Wertpapieren würde Zinsen abwerfen, dagegen bringt die Haltung von Geld keinen Zinsertrag. Es muß also Vorteile der Geldhaltung geben, die diese Nachteile aufwiegen. Den Schlüssel zur Erklärung der Geldhaltung liefert das Phänomen der Unsicherheit bei wirtschaftlichen Entscheidungen.

Die privaten Haushalte und Unternehmen besitzen über das künftige wirtschaftliche Geschehen nur unvollkommene Informationen. Niemand weiß genau, welches Einkommen er morgen haben wird, welche Güter morgen an den Märkten angeboten und nachgefragt werden, welche Qualität diese Güter haben werden und zu welchen Preisen die Güter gehandelt werden. Aus unvollkommenen Informationen resultiert Unsicherheit. Unsicherheit besteht darüber, ob die Wirtschaftspläne, die man heute auf der Basis der unvollkommenen Informationen für morgen macht, die besten sind (bei Kenntnis aller einschlägigen Daten hätte man sich vielleicht anders entschieden). Unsicherheit besteht darüber, ob sich die Wirtschaftspläne, z. B. Käufe oder Verkäufe von Gütern, überhaupt realisieren lassen werden.

Dies kann zu unangenehmen Überraschungen und zu verpaßten Chancen führen. Eine unangenehme Überraschung erlebt der Haushalt, der einen fest geplanten Güterkauf nicht realisieren kann, weil der Händler unerwartet einen höheren als den erwarteten Preis verlangt. Eine verpaßte Chance stellt es dar, wenn sich einem Konsumenten beim Gang über den Markt unerwartet eine günstige Kaufgelegenheit bietet, er aber kein Geld mit sich führt, um die Kaufgelegenheit wahrnehmen zu können. In ernste Liquiditätsprobleme gerät ein Unternehmen, bei dem erwartete Einnahmen ausbleiben und das über keine Zahlungsmittelreserven verfügt. Unangenehme Überraschungen und verpaßte Chancen stellen also eine Nutzeneinbuße dar, gegen die sich die Menschen zu schützen versuchen. Dafür gibt es verschiedene Möglichkeiten.

Erstens kann die Beschaffung zusätzlicher Informationen (Zeitungen kaufen, Makler beauftragen, Datenbanken abfragen) einen genaueren Überblick über die wirtschaftliche Entscheidungssituation geben. Bessere Informationen bedeuten weniger Unsicherheit. Aber Informationsbeschaffung stößt schon wegen der damit verbundenen Kosten an Grenzen. Und sie kann die Unsicherheit nicht völlig beseitigen, geht es doch bei wirtschaftlichen Planungen um Ereignisse von morgen, die sich nun einmal nicht perfekt voraussagen lassen. Zweitens kann man sich gegen eine Reihe von Risiken versichern. Ein unerwarteter Schadenfall bringt denjenigen nicht in Zahlungsschwierigkeiten, der eine entsprechende Schadensversicherung abgeschlossen hat. Aber die Versicherung verursacht ebenfalls Kosten in Form der Versicherungsprämien. Und überdies lassen sich nicht für alle Risiken Versicherungen abschließen. Drittens hilft manchmal ein Kreditgeschäft. Eine unerwartete Kaufgelegenheit kann auch ohne Zahlungsmittel wahrgenommen werden, wenn der Verkäufer die Zahlung stundet, also einen Kredit einräumt. Auch der Kredit verursacht Kosten, nämlich die Zinsen. Vor allem aber kann niemand sicher sein, daß er den gewünschten Kredit bei Bedarf auch wirklich erhält.

Informationsbeschaffung, Versicherungen, Kreditgeschäfte – das alles sind Verfahren, um in dem von unvollkommenen Informationen und Unsicherheit geprägten Wirtschaftsverkehr unangenehme Überraschungen gering zu halten und verpaßte Chancen zu vermeiden. Alle Verfahren verursachen Kosten, und sie wirken nicht perfekt. So kommt schließlich eine vierte Möglichkeit ins Spiel, eben die Haltung eines Bestandes von Geld. Wer über einen entsprechenden Geldbestand verfügt, kann einen geplanten Güterkauf auf jeden Fall realisieren. Unerwartet sich bietende Kaufgelegenheiten können wahrgenommen werden, denn man zahlt aus dem Geldbestand. Ausbleibende Einnahmen führen nicht zur Zahlungsunfähigkeit, denn man verfügt über Zahlungsmittelreserven.

In dem Schutz vor den Folgen der Unsicherheit – nämlich unangenehmen Überraschungen und verpaßten Chancen – liegt der Nutzen der Haltung eines Geldbestandes. Deswegen werden Menschen stets einen bestimmten Bestand an Geld halten, auch wenn sie keine konkrete, unmittelbare Kaufabsicht haben. Es sollte deutlich geworden sein, daß die Haltung eines Geldbestandes keinen kostenlosen Schutz vor den Folgen der wirtschaftlichen Unsicherheit liefert. Geldhaltung ›kostet‹ zum Beispiel den entgangenen Zins, der bei einer alternativen Vermögensanlage zu erzielen wäre. Aber diese Kosten sind gegen die Kosten anderer Schutzverfahren (Informationsbeschaffung, Versicherung, Kreditgeschäft) abzuwägen. Geldhaltung liefert schließlich Schutz nur insoweit, wie unerwartete Zahlungsanforderungen durch den Umfang des vorhandenen Geldbestandes gedeckt sind. Was die Geldhaltung dabei gegenüber anderen Formen der Wertaufbewahrung auszeichnet, ist die damit verbundene *jederzeitige* Zahlungsbereitschaft. Wertpapiere muß man erst an der Börse veräußern, für langlebige Güter muß man erst einen Käufer finden, bevor man die damit mobilisierten Mittel für Zahlungen einsetzen kann. Wertaufbewahrung durch Geldhaltung schafft dagegen unmittelbare Zahlungsbereitschaft in unerwarteten Zahlungssituationen.

3. Stoffwertloses Geld

Geld kennt viele Erscheinungsformen. Von den berühmten Kaurimuscheln und anderen altertümlichen Geldgütern über Münzen und Papiergeld bis hin zum nur noch in Computern gespeicherten Giralgeld ist es ein weiter Weg (vgl. Tabelle ›Eckdaten zur Geschichte des Geldes‹).

Zunächst erscheint die Annahme plausibel zu sein, daß nur das als Geld akzeptiert werden wird, was auch einen stofflichen Wert hat. In der Tauschwirtschaft – so war in Kapitel I.1 argumentiert worden – wird ein Gut allmählich zum Geldgut, weil sich dadurch Transaktionskosten einsparen lassen. Die genannten Kennzeichen hoher Tauschfähigkeit (das Gut muß haltbar, leicht transportierbar, gut teilbar, verbreitet und begrenzt vorhanden sein) treffen vor allem für Edelmetalle zu. So wundert es nicht, daß Edelmetalle und aus ihnen geprägte Münzen seit der Antike das bevorzugte Geldgut waren. Damit nicht bei jedem Gütertausch das Edelmetall erst auf seinen Feingehalt geprüft und ausgewogen werden mußte, war es zweckmäßig, aus Edelmetallen standardisierte Münzen zu schlagen, auf denen der Wert eingeprägt war.

Edelmetalle in roher Form oder als Münzen, die jederzeit wieder eingeschmolzen werden können, haben neben der Geldeigenschaft freilich immer auch einen stofflichen Wert. Aus ihnen lassen sich Gebrauchsgegenstände oder Schmuck herstellen. Die Geldeigenschaft und die Stoffwerteigenschaft konkurrieren. So gesehen, ist das als Geldgut benutzte Edelmetall ein wirtschaftliches Gut wie jedes andere, dessen Preis sich nach Angebot und Nachfrage richtet. Der Waren- oder Marktwert

	Eckdaten zur Geschichte des Geldes
25000 v. Chr.	In Westeuropa lebende Höhlenbewohner benutzen Nephritbeilchen als eine Art Geld. In anderen Kulturen übernehmen Vieh, Geräte, Schmuck und Rohstoffe Geldfunktionen
4000 v. Chr.	In China sind neben Kaurimuscheln, Schildkrötenschalen, Perlen und Jade auch ›Gerätegelder‹ (darunter Glocken und Klangplatten) verbereitet
550 v. Chr.	Krösus (561 – 546), König von Lydien, läßt erstmals in der Weltgeschichte in großem Stil reine Goldmünzen prägen und zusammen mit reinen Silbermünzen als offizielle Zahlungsmittel kursieren.
336 v. Chr.	Alexander der Große führt in seinem Großreich eine einheitliche Währung ein und prägt aus erbeuteten Edelmetallschätzen in beispiellosen Mengen Münzen. Geld wird damit erstmals zu einem Wohlstandobjekt und Vermögensgegenstand für breitere Bevölkerungsschichten.
23 v. Chr.	Kaiser Augustus führt in Rom eine feste Währungs- und Geldordnung (mit Münzen aus Gold, Silber, Messing und Kupfer) ein.
1045	Die Mark wird als neue Gewichtseinheit erstmals in Deutschland urkundlich erwähnt. Sie ist skandinavischen Ursprungs und entspricht einem halben Pfund. Die Gewichtseinheit (233,7 Gramm) wird deswegen zum Rechnungsbegriff, weil Münzen zu jener Zeit für größere Zahlungen abgewogen werden müssen. Die Bezeichnung wird auf ›marca‹ zurückgeführt, eine Markierung auf Edelmetallbarren, die Gewicht und Feinheit garantieren soll. Als Münznominale kommt die Mark erst Jahrhunderte später in Umlauf.
1280	Marco Polo berichtet von seiner Chinareise über die Erfindung des Papiergeldes.
1524	Mit der ersten Reichsmünzordnung von Esslingen will Karl V. die sehr unterschiedlichen Münzsysteme in seinem Reich vereinheitlichen. Als neuer Gewichtsstandard für alle deutschen Gold- und Silberwährungen wird die Kölner Mark von 233,80 Gramm festgesetzt. Die Mark als Gewichtsbezeichnung für das halbe Pfund Silber macht fortan in deutschen Landen Karriere und avanciert zur Standardwährung. Sprachlich löst sich der Begriff Mark nach der Esslinger Münzordnung von der Gewichtsbezeichnung und wird zur Geldrechnungseinheit. Doppelt so schwer wie die Mark bleiben das Pfund (daher die britische Währungsbezeichnung) oder das Livra und die Lira (vom lateinischen libra = Pfund).
1587	In Venedig beginnt die Banco di Rialto das Giralgeschäft. Das Geldinstitut ist verpflichtet, von jedermann Depositen in guten Münzsorten anzunehmen und aufgrund solcher Depositen Geld zu überweisen.

	Eckdaten zur Geschichte des Geldes
1661	Als in Schweden Silbermünzen knapp werden, beginnt die schwedische Bank Papiergeld zu drucken. Es gilt als erstes offizielles Papiergeld in Europa.
1667	Brandenburg und Sachsen schließen im Kloster Zinna einen Vertrag, der erstmals in Deutschland das System von Kurantmünzen einführt.
1697	Ein Staatsbankrott wird durch Baron von Görtz abgewendet, indem er auf Staatskredit kupferne Scheidemünzen schlagen läßt. Die Görtz-Taler gelten als eine der ersten gesetzlich geschützten Scheidemünzen in der Geschichte und ebnen den Weg zu einem modernen immateriellen Geldverständnis.
1759	Während des Siebenjährigen Krieges wird in Wien das erste echte Papiergeld deutscher Länder herausgebracht. Der Umtausch in Silber ist garantiert.
1823	Mit dem Berliner Kassenverein wird eine Giroorganisation gegründet, die als Symbol für den Aufstieg des bargeldlosen Zahlungsverkehrs in Deutschland gilt.
1833/34	Die Noten der Bank of England werden zum gesetzlichen Zahlungsmittel.
1871	Nach der Reichsgründung wird das Geld- und Kreditwesen reichsweit vereinheitlicht. An die Stelle verschiedener Silbermünzsysteme tritt die Markwährung auf Goldbasis als einheitliches Münzsystem und ausschließliches gesetzliches Zahlungsmittel. Die Dezimalteilung (Mark geteilt in 100 Pfennige) wird eingeführt.
1874	Die Reichskassenscheine ersetzen im ganzen Reich das einzelstaatliche Papiergeld, bleiben aber ›fakultatives‹ Geld ohne Annahmezwang.
1876	Erstmals werden Reichsbanknoten zu 100 und 1000 Mark ausgegeben. Während aber das Metallgeld durch die papierenen Noten nur langsam verdrängt wird, wächst die Bedeutung der Buchgelder rasant.
1906	Ausgabe von Banknoten kleiner Stückelung. Papiergeld setzt sich zunehmend im Alltagsverkehr durch, vor allem, seitdem es zu Lohnzahlungen eingesetzt wird.
1909	Reichsbanknoten werden gesetzliches Zahlungsmittel. Die Reichsbank muß die Noten auf Verlangen in Gold umtauschen.
Quelle: Die Angaben sind in zum Teil wörtlicher Wiedergabe dem informativen Buch von Wolfram Weimer: Geschichte des Geldes. Eine Chronik mit Texten und Bildern, Insel Verlag, Frankfurt am Main und Leipzig 1992, entnommen.	

der in einer Münze enthaltenen Edelmetallmenge kann dabei von dem aufgeprägten ›Geldwert‹ der Münze nicht abweichen (sogenannter Metallismus).

Heute präsentiert sich das Geld ganz anders. Es hat kaum einen oder gar keinen stofflichen Wert. Sein ›Geldwert‹ bestimmt sich nach dem zugewiesenen Nominalwert (Nominalismus). Bei den heute gebräuchlichen unterwertigen Münzen (›Scheidemünzen‹) ist der aufgeprägte Wert höher als der stoffliche Metallwert (im Gegensatz zu den vollwertigen Kurantmünzen). Papiergeld hat praktisch keinen Stoffwert mehr. Ein 100-DM-Schein ist zwar 100 DM ›wert‹, aber nur im Sinne des Wertes als Zahlungsmittel, nicht im Sinne eines Stoffwertes. In den Anfängen des Papiergeldes konnten die Banknoten beim Emittenten zumeist noch gegen eine bestimmte Menge an Edelmetall eingetauscht werden. Solange ließ sich ihnen wenigstens indirekt ein Stoffwert zuweisen. Doch inzwischen ist die Einlösbarkeit von Banknoten in Edelmetalle aufgegeben worden. Mit Giralgeld bezeichnet man Sichtguthaben der ›Nichtbanken‹ bei Banken. Mit dem Geld auf dem Girokonto lassen sich Zahlungen per Scheck, Lastschrift oder Überweisung leisten. Giralgeld ›existiert‹ nicht einmal mehr physisch. Eine Anmerkung zum Begriff der ›Nichtbanken‹: Gewöhnlich werden im Geldbereich einer Volkswirtschaft das Bankensystem und die Nichtbanken unterschieden. Zum Bankensystem gehören die Geschäftsbanken (Kreditinstitute) und die staatliche Notenbank (Zentralbank). Alle übrigen Sektoren – also die privaten Haushalte, die Unternehmen, die öffentlichen Haushalte (der ›Staat‹) und ausländische Wirtschaftseinheiten, soweit sie wirtschaftliche Beziehungen mit dem Inland unterhalten – bilden zusammen die Nichtbanken.

Auf den ersten Blick muß es verwundern, daß die Menschen Geld akzeptieren, welches keinen Stoffwert mehr hat. Aber zur Abwicklung von Tauschprozessen wird das Geld ausschließlich seiner geldlichen Eigenschaften wegen benötigt und gerade nicht wegen seiner stofflichen Eigenschaften. Auch bei dem als Wertaufbewahrungsmittel gehaltenen Geld kommt es nicht auf den stofflichen, sondern nur auf den nominalen Wert an. Die entscheidende Voraussetzung für die allgemeine Akzeptanz stoffwertlosen Geldes ist allerdings, daß es als Geld seinen Wert behält.

4. Die Geldmenge

Eigentlich sollte klar sein, was alles zur Geldmenge eines Landes gehört. Statt dessen gibt es eine verwirrende Vielfalt von Geldmengenabgrenzungen. Dabei sieht es zunächst ganz einfach aus: Mit Geld führt man Zahlungen durch, also zählt zur Geldmenge, was für Zahlungen eingesetzt wird. Bargeld gehört dazu, denn es ist ein allgemein verbreitetes Zahlungsmittel. Sichteinlagen bei Banken (Giroeinlagen) gehören ebenfalls dazu, denn mit diesem Giralgeld können die Bankkunden bargeldlos zahlen.

Schwierig wird die Geldmengenabgrenzung, wenn man andere Bankeinlagen auf ihre Geldeigenschaften prüft. Mit Spareinlagen kann zwar nicht gezahlt werden, aber man kann vom Sparkonto bar abheben und mit diesem Bargeld zahlen. Ähnlich ist es bei Termineinlagen. Diese Bankeinlagen sind für eine bestimmte Zeit festgelegt, so daß mit ihnen nicht gezahlt werden kann. Doch im allgemeinen werden die Banken einem Kunden für diese Einlagen Zahlungsmittel auch vor Fälligkeit (aber gegen Zahlung eines ›Straf‹-Zinses) auszahlen. Spareinlagen und Termineinlagen sind also kein Geld im Sinne von Zahlungsmitteln, aber sie kommen dem Geld sehr nahe, weil sie schnell in Zahlungsmittel umgewandelt werden können (deshalb auch ›Beinahe-Geld‹ genannt). Da sie beinahe Geld sind, werden die Haushalte und Unternehmen diese Bankeinlagen quasi wie Geld betrachten (deshalb auch ›Quasi-Geld‹).

Um die Unterschiede zwischen ›wirklichem‹ Geld und Beinahe-Geld einerseits nicht zu verwischen und um andererseits dem Umstand Rechnung zu tragen, daß die Haushalte und Unternehmen wirkliches Geld und Beinahe-Geld gleichermaßen als Bestandteil ihrer Liquiditätsausstattung betrachten, verwendet die Deutsche Bundesbank in ihren Statistiken drei verschiedene Abgrenzungen für die Geldmenge (genannt M1, M2 und M3). Was dazu zählt, kann Tabelle 1 entnommen werden.

Zur Geldmenge (in allen Abgrenzungen) zählen nur:

– die bei inländischen Nichtbanken (private Haushalte, Unternehmen, staatliche Stellen) vorhandenen Bestände an Bargeld, Sichteinlagen und Beinahe-Geld, nicht dagegen die Forderungen ausländischer Nichtbanken bei inländischen Banken.

Tabelle 1:
Geldmengenabgrenzungen der Deutschen Bundesbank

Geldmengenabgrenzungen der Deutschen Bundesbank
Stand: Ende November 1992, in Mrd DM

Geldmenge M3	Geldmenge M2	Geldmenge M1	Bargeldumlauf (ohne Kassenbestände der Kreditinstitute)		190
			Sichteinlagen inländischer Nichtbanken (ohne Zentralbankeinlagen öffentlicher Haushalte)		463
			zusammen	**M1 =**	**653**
		Termingelder inländischer Nichtbanken mit einer Befristung bis unter 4 Jahren			532
		zusammen		**M2 =**	**1185**
	Spareinlagen inländischer Nichtbanken mit gesetzlicher Kündigungsfrist				502
	insgesamt			**M =**	**1687**

Quelle: Monatsberichte der Deutschen Bundesbank, Januar 1993, Tabelle II 2

– Forderungen der Nichtbanken gegenüber dem Bankensystem. Sichteinlagen und Beinahe-Geld sind Verbindlichkeiten der Geschäftsbanken gegenüber Nichtbanken und damit Forderungen der Nichtbanken gegenüber den Geschäftsbanken. Nurmehr fiktiv ist allerdings der Forderungsgehalt beim Bargeld. Solange für Banknoten Einlösepflicht in Gold bestand, stellten sie Forderungen gegenüber der Notenbank dar. Heute gibt es keine Einlösepflicht mehr. Man kann Banknoten bei der Notenbank allenfalls in andere Banknoten eintauschen. Nicht zur Geldmenge gezählt werden jedenfalls Forderungen von Nichtbanken an andere Nichtbanken (etwa Lieferantenkredite).
– inländische Banknoten und Sichteinlagen bei inländischen Banken, nicht dagegen ausländische Banknoten im Besitz von Inländern und auch nicht Sichteinlagen von Inländern bei ausländischen Banken.

II. Kapitel: Anpassungsprozesse im monetären Sektor

1. Der monetäre Sektor einer Volkswirtschaft

1.1 Geldmenge, Kredite, Geldkapital

Der monetäre Sektor einer Volkswirtschaft präsentiert sich in einer ausgesprochenen Vielfalt. Es gibt eine Vielzahl von Akteuren und monetären Transaktionen. Doch läßt sich diese Vielfalt auf wenige grundlegende Typen reduzieren. Beginnen wir mit den drei Akteuren (vgl. zum Folgenden Abbildung 1). Im Mittelpunkt stehen die privaten Geschäftsbanken. Ihre Partner sind die ›Nichtbanken‹ (das ›Publikum‹); dazu zählen die privaten Haushalte, die Unternehmen, der Staat (die öffentlichen Haushalte von Bund, Ländern und Gemeinden) sowie ausländische Wirtschaftseinheiten, soweit sie mit dem Inland wirtschaftliche Beziehungen unterhalten. Der dritte im Bunde ist die Zentralbank oder Notenbank (in Deutschland die Deutsche Bundesbank). Die Aufgaben der Zentralbank sind mit denen einer Geschäftsbank in keiner Weise zu vergleichen. Während die Transaktionen der Geschäftsbanken auf Gewinnerzielung gerichtet sind, ist die Zentralbank eine staatliche Instanz mit wirtschaftspolitischen Aufgaben. Sie soll die Geldmengenentwicklung so beeinflussen, daß übergeordnete volkswirtschaftliche Ziele – Geldwertstabilität – verwirklicht werden. Zwischen diesen Akteuren finden zahllose monetäre Transaktionen statt. Unter Inkaufnahme einiger zweckmäßiger Vereinfachungen lassen sie sich auf neun Grundtypen reduzieren:

– Bankkredite an Nichtbanken: Die Geschäftsbanken gewähren Kredite an die Nichtbanken. Dafür berechnen sie Kreditzinsen (›Sollzinsen‹). In der Praxis gibt es hierfür vielfältige Formen, z. B. Ratenkredite, Kontokorrentkredite, Hypothekarkredite, Kredite in Form von Wertpapierkauf. Jede Kreditform hat ihren eigenen Zins. Diese Unterschiede brauchen uns hier nicht weiter zu beschäftigen, denn wichtig ist nur das Gemeinsame: In allen Fällen fließen Finanzierungsmittel von den Geschäftsbanken (als Gläubiger) zu den Nichtbanken (als Schuldner), und die Nichtbanken zahlen als Gegenleistung Zinsen.

GRUNDSTRUKTUR DES MONETÄREN SEKTORS

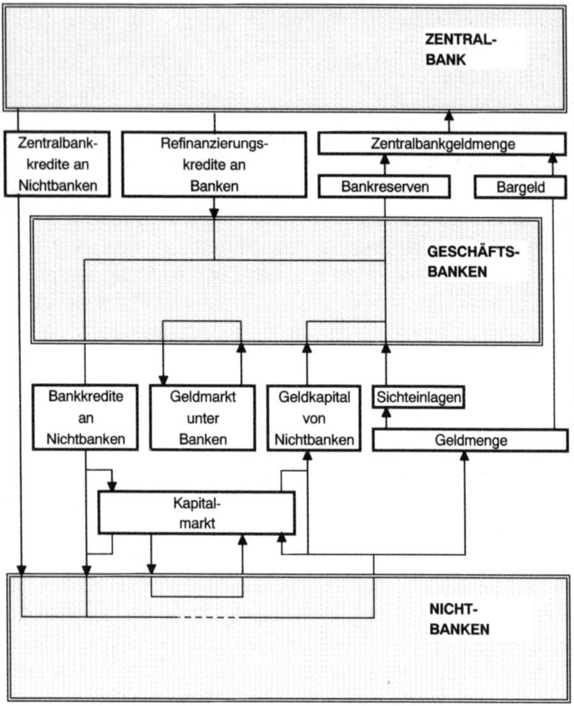

WICHTIGE BEZIEHUNGEN IN GLEICHUNGEN

Geldmenge = Bargeld plus Sichteinlagen
Zentralbankgeldmenge = Bargeld plus Bankreserven
Geldmenge = Kredite an Nichtbanken minus Geldkapital von Nichtbanken

Die Pfeile geben Gläubiger-Schuldner-Beziehungen an. Sie verlaufen vom Gläubiger zum Schuldner.

Abbildung 1: Grundstruktur des monetären Sektors

– Zentralbankkredite an Nichtbanken: Die Zentralbank gewährt ebenfalls Kredit an Nichtbanken. Dies geschieht jedoch grundsätzlich nur aus geldpolitischen Gründen. Hierzu zählen im wesentlichen der Devisenankauf durch die Zentralbank (das ist eine Kreditgewährung an das Ausland), in begrenztem Umfang Kredite an den Staat und Ankauf von Wertpapieren durch die Zentralbank.
– Sichteinlagen: Mit den ihnen per Kredit (von Geschäftsbanken oder der Zentralbank) zufließenden Finanzierungsmitteln leisten die Nichtbanken Zahlungen an andere Nichtbanken. Beispielsweise kauft ein Unternehmen von einem Händler Rohstoffe und bezahlt diese mit den Mitteln, die er sich auf dem Kreditwege von der Bank ausgeliehen hat. Die Zahlungsempfänger können die ihnen nun zufließenden Mittel in dreifacher Form halten: als Sichteinlage bei den Geschäftsbanken, als Bargeldbestand oder als Geldkapital. Die Sichteinlagen stellen jederzeit fällige Forderungen der Nichtbanken (als Gläubiger) gegenüber den Geschäftsbanken (als Schuldner) dar; sie werden in der Regel nicht verzinst.
– Bargeld: Die zugeflossenen Mittel können von den Nichtbanken auch als Bargeld gehalten werden. Es sei daran erinnert, daß Bargeld als eine Forderung der Nichtbanken gegenüber der Zentralbank betrachtet werden kann (vgl. Kapitel I.4). Auch das Bargeld wird nicht verzinst.
– Geldkapital: Schließlich können die Nichtbanken (als Gläubiger) mit den zugeflossenen Mitteln auch Geldkapital bei den Geschäftsbanken (als Schuldner) bilden. Zum Geldkapital zählen im wesentlichen längerfristige Bankeinlagen. Auch dafür gibt es viele Formen: Spareinlagen und Termingelder mit langer Laufzeit, von Banken emittierte Wertpapiere (Bankschuldverschreibungen) mit entsprechend unterschiedlichen Zinssätzen. Die Unterschiede in den Formen sollen uns nicht weiter beschäftigen. Entscheidend ist das Gemeinsame: Es handelt sich um längerfristige Kundeneinlagen, die nicht zur Geldmenge gezählt werden.
– Bankreserven: Die Geschäftsbanken unterhalten Guthaben bei der Zentralbank. Zum einen handelt es sich um ›Mindestreserven‹, die die Geschäftsbanken auf Anweisung der Zentralbank halten müssen; mit den Mindestreserven verfolgt die Zentralbank geldpolitische Ziele (vgl. zu den Einzelheiten Kapitel

V.). Darüber hinaus können die Banken eine freiwillige Reserve (›Überschußreserve‹) halten. Bankreserven werden nicht verzinst.

– Refinanzierungskredit: Die Zentralbank stellt den Geschäftsbanken Finanzierungsmittel in Form von Refinanzierungskrediten zur Verfügung. Für die Kredite berechnet die Zentralbank den Geschäftsbanken Zinsen (Refinanzierungszinsen). Es gibt verschiedene Refinanzierungstechniken: Wechselrediskont zum Diskontsatz, Wertpapierverpfändungen zum Lombardsatz, Wertpapierpensionsgeschäfte zum Pensionssatz. Wir werden dies im V. Kapitel näher darstellen. Hier interessieren die einzelnen Techniken nicht, sondern nur ihre Gemeinsamkeiten: In allen Fällen fließen Finanzierungsmittel gegen Zahlung eines Zinses von der Zentralbank (als Gläubiger) zu den Geschäftsbanken (als Schuldner).

– Geldmarktgeschäfte: Der Geldmarkt umfaßt die kurzfristige Kreditvergabe der Banken untereinander. Hat eine Bank einen akuten Engpaß an Zahlungsmitteln (›Liquiditätsengpaß‹), kann sie sich die Mittel auf dem Kreditwege von einer anderen Bank besorgen, die gerade einen Liquiditätsüberschuß hat. Dafür werden Geldmarktzinsen berechnet, beispielsweise für Kredite mit einer Laufzeit von einem Tag der Tagesgeldsatz, bei einer dreimonatigen Laufzeit der Dreimonatsgeldsatz. Andere Fristen sind möglich.

– Kapitalmarktgeschäfte: Der Kapitalmarkt umfaßt das Angebot von und die Nachfrage nach Wertpapieren (Rentenmarkt) und Aktien (Aktienmarkt). Zum Teil sind Kapitalmarktgeschäfte in bereits genannten Positionen erfaßt. Die Banken erwerben Wertpapiere und Aktien, die von Nichtbanken (Unternehmen und Staat) emittiert worden sind; dies wird hier mit in der Position Bankkredite an Nichtbanken erfaßt. Die Nichtbanken erwerben Wertpapiere und Aktien, die von Banken emittiert worden sind; sie sind in der Position Geldkapital von Nichtbanken enthalten. Schließlich erwerben Nichtbanken auch Wertpapiere und Aktien, die von anderen Nichtbanken emittiert worden sind; zum Beispiel kaufen private Haushalte Bundesanleihen. Der durchschnittliche Zinssatz für umlaufende Wertpapiere, die Umlaufsrendite, wird allgemein als repräsentativ für die langfristigen Zinsen, die Kapitalmarktzinsen, in der Volkswirtschaft angesehen.

Die Geldmenge hatten wir in Kapitel I.4 als Summe aus Sichteinlagen und Bargeldumlauf definiert. Es handelt sich hierbei um Forderungen der Nichtbanken gegenüber den Geschäftsbanken (Komponente Sichteinlagen) und gegenüber der Zentralbank (Komponente Bargeld). In Abbildung 1 taucht noch ein zweiter Begriff auf, die Zentralbankgeldmenge. Sie darf nicht mit der Geldmenge verwechselt werden. Zentralbankgeld ist die Summe aus Bargeldumlauf und Bankreserven. Es handelt sich also um Forderungen der Nichtbanken (Komponente Bargeld) und der Geschäftsbanken (Komponente Bankreserven) gegenüber der Zentralbank.

Wirtschaftliche Phänome sind aus der Sicht eines einzelnen Haushalts oder Unternehmens häufig anders zu beurteilen als aus volkswirtschaftlicher Sicht. Die Geldmenge liefert hierfür ein Beispiel. Wenn ein Unternehmen einem Mitarbeiter den Lohn auszahlt, kann der Mitarbeiter aus seiner einzelwirtschaftlichen Sicht sagen: Die Geldmenge ist gestiegen. Doch gesamtwirtschaftlich trifft das nicht zu. Mit der Lohnauszahlung ist Geld nur vom Unternehmer zum Mitarbeiter ›verlagert‹ worden. In der Summe ist die Geldmenge unverändert. Aus gesamtwirtschaftlicher Sicht gilt: Änderungen der Geldmenge sind nur durch Veränderungen der Bankkredite und des Geldkapitals möglich und durch nichts anderes sonst. Die rechnerische Beziehung zwischen Krediten, Geldmenge und Geldkapital ist also:

$$\text{Geldmenge} = \left.\begin{array}{l}\text{Kredite des}\\ \text{Bankensystems an}\\ \text{Nichtbanken}\end{array}\right\} \text{ minus } \begin{array}{l}\text{Geldkapital}\\ \text{von}\\ \text{Nichtbanken}\end{array}$$

Ein Anstieg (Rückgang) der Geldmenge (M) in der Volkswirtschaft ergibt sich dann und nur dann, wenn entweder die Kredite des Bankensystems an Nichtbanken (K) ausgeweitet (gesenkt) werden oder wenn die Nichtbanken ihr Geldkapital (GK) verringern (erhöhen). Kreditgewährungen der Nichtbanken untereinander verändern die Geldmenge hingegen nicht. An einigen typischen Transaktionen wird das deutlich:

– Ein privater Haushalt kauft ein Auto. Dazu nehme er einen Bankkredit auf (K steigt) und überweise die Finanzierungsmittel auf ein Girokonto (Sichteinlagenkonto) des Autoverkäufers (M steigt).

– Ein privater Haushalt zahlt zu Lasten seines Girokontos (M sinkt) eine Bankhypothek zurück (K sinkt).
– Eine Bank löst ein von ihr emittiertes fälliges Wertpapier ein (GK sinkt) und schreibt den Betrag dem Gläubiger auf Girokonto gut (M steigt).
– Ein Handelsunternehmen gewährt seinem Lieferanten einen Kredit, indem es Vorauszahlungen auf künftige Lieferungen leistet. Die Geldmenge wird nur umverteilt (das Handelsunternehmen hat weniger, der Lieferant mehr), bleibt aber in der Summe unverändert.

Natürlich gibt es Kombinationen dieser Transaktionen, die geldmengenneutral sind. Ein Spekulant nimmt einen Bankkredit auf (K steigt) und erwirbt damit eine Bankschuldverschreibung (GK steigt).

1.2 Refinanzierung der Banken

Für einen Augenblick seien nur Bankkredite und Sichteinlagen betrachtet (Bargeldumlauf, Bankreserven und Geldkapitel vernachlässigt). Dann kann folgender Kreislauf entstehen (vgl. Abbildung 1): Von den Geschäftsbanken fließen Finanzierungsmittel via Bankkredit zu den Nichtbanken, von den Nichtbanken fließen die Finanzierungsmittel als Sichteinlage zu den Geschäftsbanken zurück. Mit den zurückgeflossenen Mitteln leihen die Geschäftsbanken erneut Kredite aus, erneut steigen auch die Sichteinlagen. Was hier abläuft, ist ein Prozeß der Geld- und Kreditschaffung (›Geldschöpfung‹). Der Mechanismus ist einfach der, daß Finanzierungsmittel zwischen Geschäftsbanken und Nichtbanken hin- und herpendeln (als Kredit hin zu den Nichtbanken, als Sichteinlage zurück zu den Banken). Mit jedem ›Umlauf‹ steigen die ausstehenden Bankkredite und die Geldmenge (Sichteinlagen). Beunruhigend wäre es, wenn dieser Prozeß ungebremst und ohne erkennbares Ende weiterlaufen könnte; denn dann könnte leicht zu viel Geld in den Umlauf geraten. Doch es gibt Bremsen. Die Geschäftsbanken werden nämlich (und jetzt beziehen wir Bargeld und Bankreserven in die Betrachtung ein) im Zuge der Kredit- und Geldmengenausweitung mit einem doppelten Liquiditätsproblem konfrontiert: durch das Bargeld und durch die Bankreserven.

Das Bargeld reißt ein ›Loch‹ in den Kreislauf von Kreditvergabe und Einlagenrückfluß. Die Nichtbanken nehmen einen Bankkredit von beispielsweise 1000 DM auf. Davon behalten sie 200 DM in Form von Bargeld zurück. Nur den Rest von 800 DM zahlen sie wieder als Sichteinlage (oder auch als Geldkapital) bei den Banken ein. Bei den Geschäftsbanken ist also ein Mittelverlust entstanden, denn nur ein Teil der abgeflossenen Mittel ist wieder zurückgeflossen. In Abbildung 1 wird das erkennbar, wenn man die Linien von den Bankkrediten aus weiter verfolgt: Das Bargeld ›fließt‹ an den Geschäftsbanken vorbei, stellt also keinen Mittelrückfluß zu den Geschäftsbanken dar.

Ein weiteres ›Loch‹ reißt die Reservehaltung der Geschäftsbanken. Soweit zurückfließende Mittel den Bankreserven zugeführt werden, können sie nicht für eine neuerliche Kreditvergabe eingesetzt werden. Von den zurückgeflossenen Mitteln (800 DM) mögen beispielsweise 100 DM den Bankreserven zugeführt werden. Zählen wir nun zusammen: Von den ursprünglich durch die Banken ausgeliehenen Finanzierungsmitteln (1000 DM) sind nach Auffüllung der Bargeldbestände (um 200 DM) und der Bankreserven (um 100 DM) nur noch 700 DM bei den Banken für eine erneute Kreditvergabe übrig.

Wenn in den nächsten Kreditrunden erneut Bargeldumlauf und Bankreserven aufgefüllt werden, dann bleiben von Runde zu Runde immer weniger Mittel für eine weitere Kreditvergabe übrig. Die Kreditvergabe und damit die Geldmengenausweitung stoßen mithin an Grenzen, weil ein Teil der von den Banken ausgeliehenen Finanzierungsmittel in die Bargeldhaltung geht und nicht zu den Banken zurückfließt und weil von den Rückflüssen auch noch ein Teil in der Reservehaltung gebunden wird. Endgültig Schluß ist mit der Vergabe weiterer Kredite und damit auch mit der ›Geldschöpfung‹, wenn die Banken über keine freien Finanzierungsmittel mehr verfügen, weil alle ursprünglich vorhandenen Finanzierungsmittel jetzt entweder von den Nichtbanken als Bargeld gehalten werden oder in der Reservehaltung der Banken gebunden sind.

Eine neuerliche Ausweitung der Bankkredite und damit der Geldmenge ist erst dann wieder möglich, wenn den Banken neue Finanzierungsmittel zugeführt werden. Hier kommt nun die Zentralbank ins Spiel. Bei den angesprochenen ›Finanzierungsmitteln‹ handelt es sich nämlich um nichts anderes als um

Zentralbankgeld. Eben wurde festgestellt, daß die Kredit- und Geldausweitung zum Ende kommt, wenn die ursprünglich verfügbaren Finanzierungsmittel in vollem Umfang als Bargeld umlaufen oder als Bankreserven gehalten werden. Bargeld und Bankreserven haben eines gemeinsam: Sie sind Verbindlichkeiten der Zentralbank. Sie werden daher zusammen als ›Zentralbankgeld‹ bezeichnet (vgl. Abbildung 1). Im Zuge der Kredit- und Geldmengenausweitung benötigen die Geschäftsbanken also Zentralbankgeld, um die Wünsche der Nichtbanken nach Bargeld zu befriedigen und den Bedarf der Banken an Bankreserven zu decken. Das Zentralbankgeld stellt die Zentralbank – und nur sie – zur Verfügung, und sie tut es, indem sie den Banken Refinanzierungskredite oder Kredite an Nichtbanken einräumt.

Je mehr Zentralbankgeld zur Verfügung gestellt wird, um so stärker kann die Geldmengenausweitung in der Volkswirtschaft sein. Wenn die Zentralbank ›den Geldhahn zudreht‹, also weniger Refinanzierungskredite bereitstellt und damit die Versorgung mit Zentralbankgeld einschränkt, wird auch die Geldmengenausweitung gedämpft. Die Kunst der Zentralbank besteht darin, gerade soviel Zentralbankgeld bereitzustellen, daß eine ›angemessene‹ Geldversorgung der Wirtschaft zustande kommt. Was ›angemessen‹ ist, wird uns im ganzen Verlauf des Buches weiter beschäftigen.

2. Monetäre Anpassungsprozesse

2.1 Geldangebot und Geldnachfrage

Eine Ausweitung der Geldmenge kann ganz unterschiedliche Anpassungen in einer Wirtschaft auslösen: sinkende Zinsen, steigende Preise, steigende Einkommen und Beschäftigung. Umgekehrt verbinden sich mit einer Geldmengenreduktion steigende Zinsen, sinkende Preise und rückläufige Einkommen und Beschäftigung. Wie es zu solchen Effekten kommt, soll nun dargestellt werden. Den Ausgangspunkt für die folgenden Überlegungen liefert die gedankliche Unterscheidung der in der Volkswirtschaft verfügbaren Geldmenge (›Geldangebot‹) und der von den Nichtbanken gewünschten Geldhaltung (›Geldnachfrage‹). Anpassungen in der Volkswirtschaft werden ausgelöst, wenn die insgesamt verfügbare Geldmenge größer oder kleiner ist als die gewünschte Geldhaltung, wenn also das Geldangebot von der Geldnachfrage abweicht. Wie diese Anpassungen aussehen können, hängt nun entscheidend von den Bestimmungsgründen des Geldangebots und denen der Geldnachfrage ab.

(a) Bestimmungsgründe des Geldangebots: Von wem es abhängt, wieviel Geld ›angeboten‹ wird, also in den Umlauf gelangen kann, hatte schon die Analyse des monetären Sektors gezeigt (in Kapitel II.1; vgl. zum Folgenden Abbildung 2):

– von der Zentralbank: Sie stellt das Zentralbankgeld bereit, welches im Zuge der monetären Expansion für die Deckung der Bargeldhaltungswünsche des Publikums und die Auffüllung der Bankreserven benötigt wird. Der Beitrag der Zentralbank zum Geldangebot kann also an der Zentralbankgeldmenge abgelesen werden. Je mehr Zentralbankgeld bereitgestellt wird, um so mehr Geld kann im Prozeß der Geld- und Kreditschaffung entstehen.

– von den Nichtbanken: Sie entscheiden darüber, inwieweit sie die ihnen über Bankkredite zufließenden Mittel wieder als Einlagen bei den Banken einzahlen oder in Form von Bargeld halten wollen. Die als Bargeld zurückgehaltenen Mittel stehen für eine weitere Geld- und Kreditschöpfung nicht mehr zur Verfügung. Der Beitrag der Nichtbanken zum Geldangebot kann also mit ihrer Bargeldhaltungsquote, der Relation aus Bargeldhaltung zu den Einlagen bei Geschäftsbanken, erfaßt werden. Je höher die Bargeldhaltungsquote ist, um so weniger Geld kann im Prozeß der Geld- und Kreditschaffung entstehen.

– die Geschäftsbanken: Sie entscheiden darüber, ob sie die von den Nichtbanken zufließenden Einlagen wieder als Kredit ausleihen wollen oder sie als Reserve zurückhalten. Die als Reserve zurückgehaltenen Mittel stehen für eine weitere Geld- und Kreditschöpfung nicht mehr zur Verfügung. Der Beitrag der Geschäftsbanken zum Geldangebot ist also durch den Reservehaltungssatz, die Relation aus den Bankreserven zu den Bankeinlagen, zu erfassen. An dieser Stelle sei bereits erwähnt, daß die Zentralbank den Geschäftsbanken einen Mindestsatz für die Reservehaltung vorschreibt (›Mindestreservesatz‹). Eigenen Entscheidungsspielraum haben die Banken aber hinsichtlich der darüber hinausgehenden freiwilligen ›Überschußreserve‹. Je höher der Reservesatz (einschließlich Mindestreservesatz) ist, desto weniger Geld kann im Prozeß der Geld- und Kreditschaffung entstehen.

Im Prozeß der Geld- und Kreditschaffung und damit für das Geldangebot spielen – das war bisher noch nicht erwähnt worden – Zinsen eine wichtige Rolle. Im allgemeinen wird das Geldangebot zunehmen, wenn die Zinsen ansteigen. Der Grund liegt in den Dispositionen der Banken. Die Banken müssen darüber entscheiden, in welchem Verhältnis sie zufließende Einlagen auf die Bildung von Bankreserven und die Kreditvergabe aufteilen. Soweit die Geschäftsbanken durch die Zentralbank zur Haltung der Mindestreserve gezwungen werden, unterliegt deren Höhe naturgemäß nicht der Entscheidung der Geschäftsbanken. Aber über die Mindestreserve hinaus halten die Geschäftsbanken eine freiwillige Überschußreserve. In die Abwägung zwischen (freiwilliger) Reservehaltung und Kreditvergabe spielen nun Zinsen hinein.

Für Kredite berechnen die Banken ihren Kunden Zinsen. Die Haltung von Bankreserven wirft hingegen keinen Zins ab. Allein von den Zinserträgen her gesehen ist die Kreditvergabe gegenüber der Reservehaltung allemal vorteilhaft. Das spricht für sich gesehen für eine möglichst niedrige (freiwillige) Reservehaltung. Aber dem Ertragsvorteil der Kredite steht ein Nachteil gegenüber: das Kreditausfallrisiko. Während die Haltung von Bankreserven für die Bank keine Risiken mit sich bringt, besteht bei der Kreditvergabe ein Kreditausfallrisiko. Zwar wird die Bank die Bonität eines Kreditkunden sorgfältig überprüfen. Aber dabei kann sie sich irren, oder die Bonität des Kunden verschlechtert sich erst nach der Kreditgewährung. Wenn Kredite nicht zurückgezahlt werden, belastet das auf jeden Fall die Erträge der Banken. Im schlimmsten Fall – wenn viele Kredite ausfallen – kann sogar die Illiquidität drohen. Zur Vermeidung von derartigen Risiken wäre eine möglichst hohe Reservehaltung (und entsprechend geringe Kreditvergabe) vorteilhaft.

Die Banken müssen also Ertragsgesichtspunkte (die für die verzinsliche Kreditvergabe sprechen) und Risikoabwägungen (die für die risikolose Reservehaltung sprechen) gegeneinander abwägen. Der Kreditzins ist dabei so etwas wie eine ›Prämie‹, die die Banken erhalten, wenn sie risikobehaftete Kreditausleihungen vornehmen. Je höher die Zinsen und damit die Prämien für die Übernahme des Kreditrisikos sind, um so größer wird die Bereitschaft der Banken zur Kreditvergabe sein. Jetzt läßt sich die Brücke zum Geldangebot schlagen. Je höher die Kreditzinsen sind, um so eher verzichten Banken auf eine (freiwillige) Reservehaltung und um so stärker drängen Banken in die Kreditvergabe. Hohe Zinsen regen also den Prozeß der Kredit- und Geldschaffung an. Deswegen kann man bei steigendem Zins mit einem zunehmenden Geldangebot rechnen.

(b) Bestimmungsgründe der Geldnachfrage: Dem Geldangebot ist die Geldnachfrage gegenüberzustellen. In den Kassen aller Nichtbanken zusammen befindet sich zu jedem Zeitpunkt eine bestimmte Menge an Geld, also an Bargeld und Sichteinlagen. Die Bereitschaft der Nichtbanken, einen bestimmten Geldbetrag zu halten, wird mit dem Begriff ›Geldnachfrage‹ ausgedrückt. Den Umfang ihrer Geldnachfrage bestimmen die Nichtbanken allein. Es ist ihre Entscheidung, ob sie im Durchschnitt eines Monats 1000 DM oder 2000 DM oder einen anderen Betrag an Geld in der Kasse halten. Die Kernfrage lautet nun, was die wichtigsten Bestimmungsgründe für die Geldnachfrage sein könnten, was also den Umfang der Geldhaltung beeinflussen könnte. An dieser Stelle taucht häufig eine Fehlinterpretation auf. Sollte die ›Bereitschaft, einen bestimmten Geldbetrag zu halten‹ (also die Geldnachfrage) nicht beliebig groß sein, denn wer hat schon etwas dagegen, wenn Geld in seiner Kasse liegt? Es ist jedoch zu bedenken, daß Kassenhaltung etwas kostet: Wer Geld in der Kasse hält, muß auf den Nutzen von Gütern, die er sich mit dem Geld kaufen könnte, verzichten; wer Geld in der Kasse hält, dem entgehen Zinsen, die er bekommen könnte, wenn er, statt Geld zu halten, Wertpapiere erwerben würde. Daher wird niemand bereit sein, beliebig viel Geld in der Kasse zu halten, sondern die Kassenhaltung gegenüber den Verwendungsalternativen abwägen und sie auf das notwendige Maß begrenzen. Zwei Hauptbestimmungsgründe der Geldnachfrage sind hervorzuheben: das Einkommen und der Zins. Im allgemeinen werden die Nichtbanken um so mehr Geld halten, je höher ihr Einkommen ist und je niedriger der Zins in der Wirtschaft ist (vgl. Abbildung 2).

Der Einfluß des Einkommens auf die Geldnachfrage ist unmittelbar plausibel. Geld dient als allgemeines Tauschmittel dazu, Zahlungen durchzuführen (vgl. Kapitel I.1). Da die Käufe und damit die Zahlungen der Nichtbanken mit steigendem Einkommen im allgemeinen ebenfalls zunehmen, werden die Nichtbanken bei steigendem Einkommen auch eine entsprechend größere Menge an Zahlungsmitteln, also an Geld, halten.

Der Zinseinfluß auf die Geldnachfrage ist schon schwieriger einzusehen. Anzuknüpfen ist an die Wertaufbewahrungsfunktion des Geldes (vgl. Kapitel I.2). Man stelle sich einen privaten Haushalt vor, der sein Vermögen nur in zwei Formen hält: in Form von Geld und in Form von Wertpapieren. Auch wenn es in der Realität viel mehr Formen für die Vermögenshaltung gibt, reichen die beiden gewählten Formen aus, um den Kern des Arguments nachvollziehen zu können. Sowohl die Haltung von Geld als auch die Haltung von Wertpapieren dienen der Wertaufbewahrung. Wie der Haushalt sein Vermögen in Geldhaltung und in Wertpapierhaltung aufteilt, ist nun die Frage. Hier kommen die Zinsen ins Spiel.

Die Geldhaltung wird nicht verzinst, wohl aber werfen Wertpapiere einen Zinsertrag ab. Unter Ertragsgesichtspunkten wäre es vernünftig, das Vermögen ganz in Wertpapieren anzulegen statt in unverzinslichem Geld. Doch stehen dem Risikoabwägungen gegenüber. Geld ist nominalwertsicher. Ein nominaler Geldbetrag von 100 DM beträgt ein Jahr später ebenfalls noch 100 DM. Wertpapiere sind dagegen nominalwertunsicher. Ein Wertpapier, das heute einen Preis von 100 DM hat, mag ein Jahr später an der Börse nur noch für 90 DM gehandelt werden. Welcher Kurs in einem Jahr gilt, ist unsicher. Die Kursschwankungen von Wertpapieren schaffen damit ein Anlagerisiko. Die Erwartungen, die ein Anleger hinsichtlich des künftigen Wertpapierkurses hat, können sich als falsch herausstellen. Wer seine Vermögensdispositionen auf falschen Erwartungen aufbaut, erzielt nicht das beste Ergebnis. Bei der Haltung von Geld gibt es dieses Kursrisiko nicht. Wer Risiken vermeiden will, wird vernünftigerweise sein Vermögen in Form von Geld halten, statt es in Wertpapieren anzulegen.

Ertrag und Risiko schaffen mithin gegenläufige Empfehlungen für die Vermögensanlage. Die Ertragskomponente spricht gegen die Geldhaltung, die Risikokomponente spricht dafür. Hier gilt es abzuwägen. Für Spielertypen, die das Risiko als prickelnden Reiz empfingen, mag die risikolose Geldhaltung gänzlich unattraktiv sein. Der Spieler wird sein Vermögen – wenn er nur die Wahl zwischen Wertpapierhaltung und Geldhaltung hat – ganz in Wertpapieren anlegen und auf Geldhaltung verzichten. Doch der Typ des Spielers ist die Ausnahme. Der durchschnittliche Vermögensanleger ist eher risikoscheu, und Risikoscheu führt zu einem anderen Kalkül: Grundsätzlich wird der risikoscheue Anleger sein Vermögen in Form von Geld halten, denn das ist im Vergleich zur Wertpapierhaltung risikolos. Aber Risikoscheu muß nicht heißen, daß der Anleger jedwedem Risiko aus dem Weg geht. Er wird durchaus ein Risiko einzugehen bereit sein, wenn er dafür eine ›Belohnung‹ erhält. Wer risikobehaftete Wertpapiere hält, bekommt in der Tat eine Belohnung, nämlich in Form des Zinses. Je höher der Zins ist, um so mehr wird der risikoscheue Anleger seine Abneigung gegen risikobehaftete Wertpapieranlagen überwinden und um so mehr wird er sein Vermögen in Form von Wertpapieren halten. Anders ausgedrückt: Wenn der Zins steigt, wird sich auch der risikoscheue Anleger mehr und mehr dazu verlocken lassen, die nominalwertsichere (aber leider auch ertraglose) Geldhaltung zu reduzieren. Das begründet die gegenläufige Beziehung zwischen dem Zins und der Geldnachfrage.

(c) Nominale und reale Größen: Mit dem Einkommen und dem Zins haben wir wichtige Bestimmungsgründe der Geldnachfrage genannt. Aber ein entscheidender Schritt steht noch aus: die klare Unterscheidung zwischen nominalen und realen Größen. Diese Unterscheidung ist von erheblicher Tragweite für monetäre Analysen. Erst damit wird es möglich, Mengenwirkungen (Produktions- und Beschäftigungseffekte) und Preiswirkungen (Inflationseffekte) auseinanderzuhalten.

Betrachten wir die Geldmenge. Die Geldmenge lautet auf einen bestimmten nominalen Betrag, zum Beispiel auf 100 DM. Das ist die nominale Geldmenge. Eine ganz andere Frage ist, wieviel Kaufkraft in dieser Geldmenge steckt. Das hängt vom Preisniveau in der Volkswirtschaft ab. Würden Güter im Durchschnitt einen Preis von 20 DM haben, könnte man mit dem nominalen Geldbetrag von 100 DM gerade fünf Gütereinheiten kaufen, bei einem Preisniveau von 25 DM dagegen nur noch vier Gütereinheiten. Die nominale Geldmenge geteilt durch das Preisniveau ergibt die ›reale‹ Geldmenge. Sie sagt also etwas über die in der Geldmenge ›gespeicherte‹ Kaufkraft aus. Wenn die nominale Geldmenge konstant bleibt, aber das Preisniveau steigt, sinkt die reale Geldmenge.

Ähnlich ist auch beim Einkommen zwischen dem nominalen und dem realen Einkommen zu unterscheiden. Wieviele Güter mit einem nominalen Einkommen von 5000 DM erworben werden können, hängt wiederum vom Preisniveau der Güter ab. Das nominale Einkommen geteilt durch das Preisniveau ergibt das ›reale‹ Einkommen. Wenn das nominale Einkommen konstant bleibt, aber das Preisniveau steigt, sinkt das Realeinkommen.

Die Unterscheidung von nominalen und realen Größen wollen wir nun in die Analyse einbauen. Im Teil (b) dieses Abschnitts wurde gesagt, daß die Geldnachfrage mit steigendem Einkommen zunimmt. Dabei bezog sich die Geldnachfrage auf eine nominale Geldmenge und das Einkommen auf das nominale Einkommen: Die nominale Geldnachfrage steigt mit zunehmendem nominalen Einkommen. Jetzt kann das nominale Einkommen in eine Mengenkomponente (reales Einkommen) und in eine Preiskomponente aufgespaltet werden: Das nominale Einkommen ist gleich dem realen Einkommen mal dem Preisniveau. Somit läßt sich jetzt der Einkommenseinfluß auf die Geldnachfrage präzisieren. Die (nominale) Geldnachfrage steigt, wenn entweder das reale Einkommen oder das Preisniveau ansteigen. Beides bewirkt nämlich eine Erhöhung des nominalen Einkommens, welches die (nominale) Geldnachfrage ausweitet.

Mit der Unterscheidung von nominalen und realen Größen läßt sich nun auch über ›Geldwertillusion‹ sprechen. Es geht um den Einfluß des Preisniveaus auf die Geldnachfrage. Sofern die Nichtbanken ihre (nominale) Geldnachfrage an die Veränderung des Preisniveaus anpassen – und zwar proportional –, bleibt die *reale* Geldnachfrage unverändert. Würde beispielsweise bei einem Preisniveau von 20 eine nominale Geldmenge von 100 DM gewünscht und bei einem Preisniveau von 25 eine nominale Geldmenge von 125 DM, dann wäre die reale Geldnachfrage in beiden Fällen gleich (denn $100/20 = 125/25$).

In diesem Fall wirken also Veränderungen des Preisniveaus nicht auf die *reale* Geldnachfrage durch. Man sagt: Die Nichtbanken sind frei von ›Geldwertillusion‹. Würden die Nichtbanken dagegen bei einem Preisniveauanstieg die nominale Geldnachfrage unverändert lassen (oder nur unterproportional anpassen), weil sie nicht (voll) realisieren, daß mit dem Preisniveauanstieg ihre reale Geldmenge schrumpft, dann unterliegen sie der Geldwertillusion. Sie machen sich dann nämlich Illusionen über die Kaufkraft ihrer Geldmenge. In der heutigen Zeit, in der jedermann über die Preisentwicklung bestens informiert wird, ist kaum anzunehmen, daß die Menschen der Geldwertillusion unterliegen.

2.2 Wirkungen auf Zinsen, Preise und Beschäftigung

Wir wissen jetzt, was das Geldangebot und was die Geldnachfrage in der Wirtschaft bestimmt. In der folgenden Übersicht sind die wichtigsten Bestimmungsgründe noch einmal zusammengefaßt, geordnet danach, ob es Politikvariable, Verhaltensparameter oder Marktvariable sind.

Einflußtyp	Eine Zunahme der/des ...	bewirkt einen ... des/der nominalen	
		Geldangebots	Geldnachfrage
Politikvariable	Zentralbankgeldmenge	Anstieg	
Politikvariable	Mindestreservesatz	Rückgang	
Verhaltensparameter	Bargeldhaltungsquote	Rückgang	
Verhaltensparameter	Überschußreservesatz	Rückgang	
Marktvariable	Zinssatz	Anstieg	Rückgang
Marktvariable	Reales Einkommen		Anstieg
Marktvariable	Preisniveau		Anstieg

Wie Geldangebot und Geldnachfrage zusammenwirken und wie die Anpassungsprozesse aussehen, ist nun das Thema (vgl. zum Folgenden immer Abbildung 2).

Betrachten wir eine Situation, in der das nominale Geldangebot und die nominale Geldnachfrage dem Wert nach gerade übereinstimmen: Das Geldangebot beträgt beispielsweise 1000 DM, und gerade diesen Geldbetrag wünschen die Nichtbanken auch zu halten. Es herrscht ein ›Gleichgewicht‹ zwischen Geldangebot und Geldnachfrage. Die Nichtbanken haben keinen Grund zu irgendwelchen Anpassungen, weil eben gerade soviel Geld im Umlauf ist, wie sie zu halten wünschen, nicht mehr und nicht weniger.

Jetzt komme es zu einer ›Störung‹ des Gleichgewichts. Das Geldangebot soll ansteigen. Beispielsweise habe die Zentralbank den Banken zusätzliches Zentralbankgeld bereitgestellt.

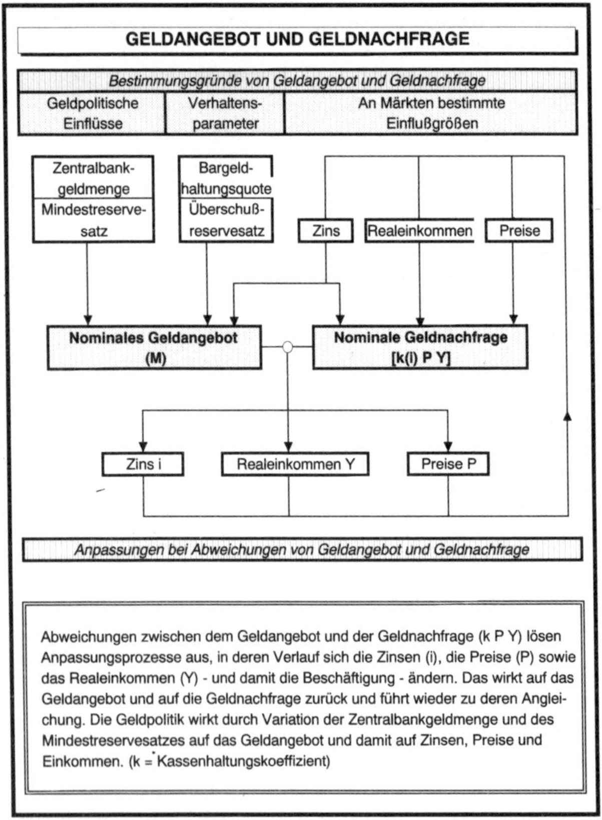

Abbildung 2: Geldangebot und Geldnachfrage

Die Banken können daraufhin mehr Kredite anbieten, der Prozeß der Geldschaffung wird angekurbelt. Dadurch kommt zusätzliches Geld in den Umlauf. Jetzt ist ein ›Ungleichgewicht‹ entstanden. Während nämlich das Geldangebot gestiegen ist (sagen wir auf 1250 DM), verharrt die Geldnachfrage zunächst noch auf dem alten Wert (1000 DM). Solange sich nämlich an dem realen Einkommen, dem Preisniveau und dem Zinssatz nichts geändert hat (und noch hat sich nichts geändert), gibt es für die Nichtbanken keinen Grund, ihre bisherige Geldnachfrage zu ändern. Hier sei nochmals daran erinnert, daß die Menschen vernünftigerweise nicht eine beliebig hohe Geldmenge halten, sondern über die Kassenhaltung in Abwägung gegenüber den Alternativen (Konsum, Wertpapierkauf) entscheiden. Durch das gestiegene Geldangebot ist in die Kassen der Nichtbanken eine größere Geldmenge gelangt, als die Nichtbanken angesichts der herrschenden Werte des realen Einkommens, des Preisniveaus und des Zinssatzes halten wollen. Das wird Reaktionen auslösen. Die Nichtbanken werden im allgemeinen versuchen, ihre überschüssige Kasse (sie beträgt 250 DM) abzubauen. Dazu haben sie zwei Möglichkeiten:

Erstens können die Nichtbanken mit der Überschußkasse Wertpapiere nachfragen. Am Kapitalmarkt (Wertpapiermarkt) steigt die Nachfrage nach Wertpapieren mit dem Effekt, daß die Preise der Wertpapiere, die Wertpapierkurse, ansteigen. Steigende Wertpapierkurse bedeuten aber sinkende Zinsen (Renditen), denn Kurse und Zinsen entwickeln sich gegenläufig. Wenn ein Wertpapier beispielsweise in jedem Jahr einen Ertrag von 8 DM abwirft, so ist die Rendite bei einem Wertpapierkurs von 100 gleich 8%, bei einem höheren Wertpapierkurs von 110 aber nur noch 7,3%.

Die Zinssenkung wirkt auf Geldangebot und Geldnachfrage zurück. Bei sinkenden Zinsen wird für die Banken die Kreditvergabe weniger attraktiv, und das Geldangebot wird schrumpfen. Bei sinkendem Zins wird für die Nichtbanken die Vermögenshaltung in Wertpapieren zunehmend unattraktiv. Man wird tendenziell die zwar unverzinsliche aber dafür auch risikolose Geldhaltung ausdehnen. Am Ende des Anpassungsprozesses wird ein neues Gleichgewicht erreicht. Insgesamt ist dann Folgendes abgelaufen: Die überschüssige Geldmenge hat zu einer Zinssenkung geführt, die ihrerseits das Geldangebot reduziert und die Geldnachfrage ausdehnt und somit den anfänglichen Geldüberschuß beseitigt.

Zweitens können die Nichtbanken ihre überschüssige Kasse zum Kauf von Gütern verwenden. In diesem Fall steigt die Nachfrage an den Gütermärkten. Sind die Produktionskapazitäten in der Volkswirtschaft ausgelastet (Vollbeschäftigung), wird es nur zu Preissteigerungen kommen. Sind dagegen noch unausgelastete Kapazitäten vorhanden (Unterbeschäftigung), kann die Güternachfrageausweitung auch zu einer steigenden Güterproduktion und mithin zu mehr Beschäftigung führen. Mit der Produktionsausweitung entsteht zugleich zusätzliches reales Einkommen. Der Abbau der Überschußkasse über den Gütermarkt verursacht also Preiseffekte oder Realeinkommenseffekte. Beides läßt die Geldnachfrage ansteigen, so daß der anfängliche Überschuß des Geldangebots verschwindet.

Beide Wege – Abbau der Überschußkasse über den Wertpapiermarkt und den Gütermarkt – können parallel beschritten werden. Ein Ausweitung des Geldangebots (der vorhandenen Geldmenge) wird dann zu einer Senkung der Zinsen, einem Anstieg des Preisniveaus und zu einem Anstieg der realen Einkommen (und damit verbunden der Beschäftigung) in der Volkswirtschaft führen. Umgekehrt wird eine Verringerung des Geldangebots zu einem Anstieg der Zinsen, zu einem Rückgang des Preisniveaus und zu einer Verringerung der realen Einkommen (und damit der Beschäftigung) führen. Zinseffekte, Preiseffekte und Einkommens-(Beschäftigungs-)Effekte umreißen die Anpassungen nach einem monetären Impuls. In welcher ›Mischung‹ diese Effekte auftreten können (welcher Effekt also letztlich dominiert) und in welchem Maße sich auch außenwirtschaftliche Anpassungen ergeben können (Änderungen der Wechselkurse), ist Gegenstand der beiden folgenden Kapitel.

III. Kapitel: Der Binnenwert des Geldes

1. Geldwert und Preisniveau

›Viel Geld haben‹ – das ist der Wunsch der meisten Menschen. Aber was nutzt viel Geld, wenn es wenig wert ist. ›Wertstabiles Geld haben‹ ist ein sinnvolleres Ziel. Aber Wertstabilität setzt voraus, daß eben nicht möglichst viel Geld im Umlauf ist, sondern daß die Geldmenge im Einklang mit der gesamtwirtschaftlichen Leistungskraft bleibt. Gelegentlich erinnern auf Flohmärkten Kartons voller alter Geldscheine, auf denen Millionen, Milliarden, Billionen aufgedruckt sind, an die zwanziger Jahre, als in Deutschland eine Hyperinflation grassierte. Durch die Kriegsfinanzierung im Zweiten Weltkrieg verlor das Geld erneut seinen Wert. Meistens sind es aber nicht Hyperinflationen, die das Geldwesen bedrohen – allgegenwärtig sind die schleichenden Geldwertverluste; Preisniveausteigerungen sind an der Tagesordnung. Auch die D-Mark ist von ihnen nicht verschont geblieben. Stabilität des Geldes ist offenkundig nicht der ›natürliche‹ Zustand einer Volkswirtschaft. Die Bewahrung des Geldwertes bleibt das Schlüsselproblem des Geldwesens.

Solange Geld aus vollwertigen Edelmetallmünzen besteht, wird der Wert des Geldes von seinen Material- und Herstellungskosten bestimmt. Doch heutiges Geld – Banknoten, Giralgeld – ist stoffwertlos, seine Herstellungskosten sind vernachlässigbar. Wenn vom ›Geldwert‹ die Rede ist, dann geht es um die Menge an Gütern, die mit einer bestimmten Menge an Geld erworben werden können. Das hängt naturgemäß von den Preisen der Güter ab. Wenn die Güterpreise steigen, können mit einer bestimmten Geldmenge mengenmäßig weniger Güter gekauft werden; das Geld verliert also an Wert. Die Beziehung zwischen dem Geldwert und den Güterpreisen läßt sich mit der folgenden Beziehung ausdrücken:

$$\text{Geldwert} = \frac{1}{\text{Preisniveau}}$$

›Geldwert‹ bezeichnet hier den Binnenwert des Geldes. Gemeint ist, wieviel Gütereinheiten man sich mit einer Geldeinheit im

Inland kaufen kann (zum Außenwert vgl. IV. Kapitel). ›Preisniveau‹ bezeichnet die Preise eines ganzen Bündels von im Inland gehandelten Gütern. Wie von der Entwicklung vieler einzelner Preise auf die Entwicklung des Preisniveaus geschlossen werden kann, wird im folgenden Abschnitt dargestellt.

2. Die Messung der Preisniveauentwicklung

2.1 Preisindex für die Lebenshaltung

›Die Verbraucherpreise sind gegenüber dem Vorjahr um 2,6 Prozent gestiegen‹. So oder ähnlich (und natürlich mit der jeweils aktuellen Zahl) verbreiten die Medien Monat für Monat die neueste Meldung über die Preisentwicklung. Nicht mitgesagt, aber mitgedacht wird dabei, daß entsprechend der Geldwert gesunken ist. Welche Schritte erforderlich sind, um zu einer Aussage über die allgemeine Preisentwicklung zu gelangen, soll jetzt genauer unter die Lupe genommen werden. Dabei werden Eigenheiten – und typische Schwächen – dieser Art von Geldwertmessung deutlich werden.

(a) Konstruktion des Preisindex: Im ersten Schritt gilt es zu klären, welche Güter mitsamt ihren Preisen in die Betrachtung einbezogen werden sollen. Unklug wäre es, alle in einer Volkswirtschaft gehandelten Güter zu berücksichtigen; denn das würde zu verzerrenden Doppelzählungen führen, und zwar auf Grund der Vorleistungsverflechtung in der Wirtschaft. Ein Beispiel: Ein Stahlunternehmen erzeugt Stahlblech und verkauft es an einen Autohersteller. Der produziert damit Autos und verkauft diese. Würden in die Berechnung des Preisniveaus sowohl der Preis des Stahlblechs als auch der des Autos einbezogen, wäre das Stahlblech doppelt erfaßt: einmal als eigenständiges Produkt, zum anderen mit dem Autopreis, in dem sich auch die Kosten für das Stahlblech niederschlagen. Solche Doppelzählungen müssen vermieden werden.

Die Volkswirtschaft dient letztlich dazu, Verbraucher mit Konsumgütern zu versorgen. Den Verbraucher interessiert nur, was er mit dem Geld an Konsumgütern kaufen kann. In die Berechnung des Preisniveaus sind daher sinnvollerweise nur die

Preise von Verbrauchsgütern einbezogen. Doppelzählungen treten dabei nicht auf, denn die Verbrauchsgüter werden verzehrt und gehen nicht als Vorleistung in andere Produkte ein. Das, was in der obigen Formel als ›Preisniveau‹ bezeichnet wurde, kann jetzt präzisiert werden: Es handelt sich um die Preise von Verbrauchsgütern, die Verbraucherpreise. Da diese Güter für die tägliche Lebenshaltung gekauft werden, spricht man auch von den Lebenshaltungspreisen.

Das Statistische Bundesamt beobachtet monatlich die Preisentwicklung bei rund 750 Arten von Verbrauchsgütern (Stand: Januar 1993). Diese reichen vom Rindfleisch über Hosen und Mieten bis hin zu Stühlen, Seife, Autos und Hotelübernachtung. Alle diese Güter zusammen bilden den ›Warenkorb‹ der Verbraucher. Aus welchen Güterarten sich der Warenkorb zusammensetzt, ist durch eine statistische Erhebung (Einkommens- und Verbrauchsstichprobe) erfaßt worden.

Im zweiten Schritt müssen die Preise der in dem Warenkorb enthaltenen Güter erfaßt werden. Die Mitarbeiter der Statistischen Ämter sammeln für die rund 750 Güterarten Monat für Monat mehr als 200.000 Einzelpreisinformationen. In 118 Berichtsgemeinden, die überall über das Land verstreut sind (derzeit noch beschränkt auf die alten Bundesländer), führen sie ihre Erhebungen durch. Aus den vielen Einzelpreisen werden für die einzelnen Güterarten Durchschnittspreise für das ganze (derzeit noch: westliche) Bundesgebiet berechnet. Für jede Güterart läßt sich der Durchschnittspreis des laufenden Jahres mit dem des Vorjahres vergleichen und die prozentuale Änderung des Preises dieser Güterart berechnen.

Der dritte Schritt besteht darin, die Preisänderungsraten der verschiedenen Güterarten in einem Preisindex zusammenzufassen. Die Preise der einzelnen Güter des Warenkorbs entwickeln sich in der Regel unterschiedlich: Die einen steigen schnell, die anderen langsam, wieder andere sinken sogar. Mit dem Preisindex soll ein Gesamt- oder Durchschnittsbild der Preisentwicklung ermittelt werden. Das geschieht methodisch mit Hilfe einer speziellen Indexformel (nämlich dem Preisindex von Laspeyres). Anhand eines einfachen Zahlenbeispiels soll die Vorgehensweise verständlich gemacht werden. In dem Warenkorb seien drei Güter (Rindfleisch, Schuhe, Computerdisketten) enthalten. Für diese Güter haben die Statistischen Ämter folgende

Angaben ermittelt (alle folgenden Zahlenangaben sind frei gewählte Beispiele):

Güterart im Warenkorb	Aktuelle Preisänderung gegenüber dem Vorjahr in v. H.	Ausgaben pro Jahr in DM (im Jahr der EVSt.)	Anteil an den Gesamtausgaben in Prozent (im Jahr der EVSt.)
Rindfleisch	3	400	50
Schuhe	5	240	30
Computerdisketten	−2	160	20
Warenkorb insgesamt	?	800	100

In der zweiten Spalte sind die prozentualen Veränderungen der Preise dieser Güter gegenüber dem Vorjahr angegeben. Sie weichen im Wert und im Vorzeichen deutlich voneinander ab. Das Ziel ist die Berechnung einer durchschnittlichen Preisänderungsrate für den Warenkorb insgesamt. Eine schlechte Idee wäre es, einfach den Mittelwert der drei Preisänderungsraten auszurechnen. Schlecht daran ist, daß dies der unterschiedlichen Bedeutung dieser Güter für die Verbraucher nicht gerecht würde. Vielmehr müssen die drei Güter entsprechend ihrer Bedeutung gewichtet werden. Dafür greifen wir auf die Einkommens- und Verbrauchsstichprobe (EVSt.) zurück, mit deren Hilfe der Warenkorb zusammengestellt wurde. Die dritte und vierte Spalte zeigen, wieviel Geld die Verbraucher für den Warenkorb insgesamt ausgegeben haben und welchen Anteil die einzelnen Güterarten daran hatten. Man beachte, daß es sich bei den Angaben in der zweiten Spalte (Preisänderungsraten) um die aktuelle Entwicklung handelt, während sich die Angaben der dritten und vierten Spalte (Zusammensetzung des Warenkorbs) auf das Jahr beziehen, für das die Einkommens- und Verbrauchsstichprobe gemacht wurde.

Gemessen an den Ausgabenanteilen hat – in diesem Beispiel – Rindfleisch das größte Gewicht (50 v. H.), gefolgt von den Schuhen (30 v. H.) und den Disketten (20 v. H.). Die Ausgabenanteile der einzelnen Güter werden nun als Gewichte verwendet, um eine durchschnittliche (gewichtete) Preisänderungsrate zu berechnen. Es folgt:

$$\left.\begin{array}{l}\text{durch-}\\\text{schnittliche}\\\text{Preis-}\\\text{steigerungs-}\\\text{rate}\end{array}\right\} = 0{,}5\cdot 0{,}03 + 0{,}3\cdot 0{,}05 + 0{,}2\cdot(-0{,}02) = 0{,}026 \Rightarrow 2{,}6 \text{ v. H.}$$

Die durchschnittliche Preisänderungsrate beträgt also 2,6 v. H.

Als vierter und letzter Schritt bleibt noch die Berechnung des Preisindex. Das Jahr, für das der Warenkorb (Spalte 3 und 4 in der obigen Tabelle) mit Hilfe der Einkommens- und Verbrauchsstichprobe ermittelt worden ist, stellt die Basis für die Indexberechnung dar; wir nennen es daher das ›Basisjahr‹. Es sei angenommen, daß 1985 das Basisjahr ist. Was aus der laufenden Preisbeobachtung bekannt ist, sind die nach der obigen Methode berechneten durchschnittlichen Preisänderungsraten der folgenden Jahre (›Berichtsjahre‹). Diese Informationen genügen, um einen Preisindex zu berechnen. Folgen wir wieder unserem Beispiel:

Jahr	1985	1986	1987	1988
Durchschnittliche Preisänderungsrate gegenüber dem Vorjahr in v. H.	–	2,6	3,7	...
Ausgaben für den Warenkorb in DM	800	820,80	851,17	...
Preisindex (1985 = 100)	100	102,6	106,4	...

Für den Warenkorb wurden im Basisjahr (1985) insgesamt 800 DM ausgegeben. Die durchschnittliche Preissteigerungsrate im Jahr 1986 (dem ersten ›Berichtsjahr‹) gegenüber dem Vorjahr lag bei 2,6 Prozent. Im Jahr 1986 waren also für den Warenkorb des *Basis*jahres um 2,6 Prozent höhere Ausgaben zu tätigen, also 820,80 DM statt 800 DM. Von 1986 bis 1987 (dem zweiten ›Berichtsjahr‹) seien die Preise – wieder nach der obigen Methode berechnet – durchschnittlich um 3,7 v. H. gestiegen. Damit erhöhten sich die Ausgaben für den Warenkorb des Basisjahres nochmals, und zwar auf 851,17 DM. Statt nun die DM-Ausgaben für den Warenkorb im Zeitablauf zu verfolgen, rechnet man diese in einen Index um. Die Ausgaben im Basisjahr (800 DM) werden gleich 100 gesetzt. Der Indexwert im Berichtsjahr 1986 beträgt dann 102,6 (= 100 · 820,80/800) und im Berichtsjahr 1987 106,4 (= 100 · 851,17/800).

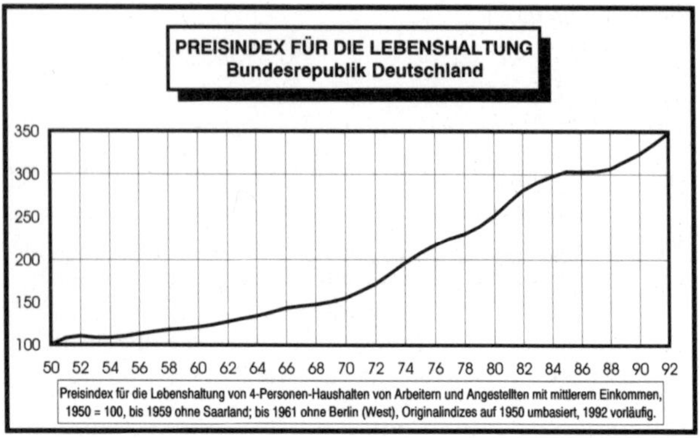

Abbildung 3: Preisindex für die Lebenshaltung

Der so ermittelte Preisindex – da es um Verbrauchsgüterpreise geht, handelt es sich um den Preisindex für die Lebenshaltung – kann nun in die Gleichung Geldwert = 1/Preisniveau eingesetzt werden, und zwar für die Größe ›Preisniveau‹ (vorher muß der Indexwert noch durch 100 geteilt werden). Dann ist klar: Der Geldwert sinkt, wenn der Preisindex für die Lebenshaltung ansteigt.

(b) Preisentwicklung in Deutschland: Abbildung 3 zeigt die Entwicklung des Preisindex für die Lebenshaltung in Deutschland (für die alten Bundesländer) seit 1950. Der Preisindex ist praktisch permanent angestiegen. Preisstabilität im strengen Sinne des Wortes hat es also in der Bundesrepublik so gut wie nie gegeben. Die durchschnittliche Preissteigerungsrate im Zeitraum von 1950 bis 1992 lag bei 3 Prozent.

Der Binnenwert der D-Mark ist mithin seit 1950 kräftig gesunken. Setzen wir den Geldwert 1950 mit 100 fest, so lag er im Jahre 1992 nur noch bei knapp 30. Das führt zu so bekannten Festellungen wie der, daß die D-Mark von 1950 heute nur noch 30 Pfennig wert ist. Daran ist nicht zu deuteln. Freilich: Der Geldwertschwund war nicht mit zunehmender Verarmung, sondern mit einer beträchtlichen Ausweitung des Lebensstandards verbunden. Aus der Geldwertentwicklung allein läßt sich nicht auf die Wohlstandsentwicklung der Bevölkerung schließen. Vergleicht man die Preissteigerungen in Deutschland mit denen im

Ausland, kommt Deutschland sogar sehr gut weg. Abbildung 4 zeigt die Preissteigerungsraten in einer Reihe von Industrieländern seit Mitte der achtziger Jahre. Deutschland gehört – was die Stabilität angeht – zur Spitzengruppe.

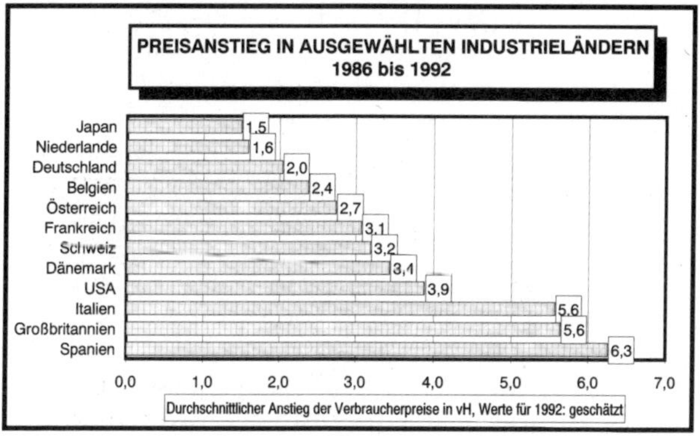

Abbildung 4: Preisanstieg in ausgewählten Industrieländern

2.2 Grenzen der Geldwertmessung

Die Geldwertberechnung mit Hilfe des Preisindex für die Lebenshaltung ist nicht ohne Eigenheiten – und sie hat auch Schwächen. Eine Eigenheit ist diese: Mit dem Preisindex wird nicht ein *absoluter* Wert für das Preisniveau gemessen. Die Berechnung eines absoluten Preisniveaus, beispielsweise des durchschnittlichen Preises aller 750 Konsumgüter aus dem Warenkorb, wäre ziemlich unsinnig, da die Spanne der Preise über das ganze Güterspektrum gesehen erheblich ist und kein Konsument mit der Information über den Durchschnittspreis etwas anfangen könnte. Was der Preisindex (bzw. seine Entwicklung) anzeigt, sind die *Veränderungen* des Preisniveaus. Mithin läßt sich auch kein absoluter Wert für den Geldwert angeben, sondern nur die Entwicklung des Geldwertes nachzeichnen.

Wenn der Preisindex für die Lebenshaltung ansteigt, müssen nicht die Preise aller Güter im Warenkorb gestiegen sein. Einige Preise können konstant geblieben, andere sogar gesunken sein. Das ist dann durch Preissteigerungen anderer Güter überkompensiert worden. An der Preisentwicklung für ein einzelnes Gut kann man die Geldwertentwicklung nicht messen; aussagekräftig ist nur die Preisentwicklung für den ganzen Warenkorb.

Das Preisniveau und damit der Wert des Geldes können sich aus der Sicht unterschiedlicher Verbrauchergruppen durchaus verschieden entwickeln. Der Geldwert repräsentiert immer ein bestimmtes Güterbündel (einen bestimmten Warenkorb), der mit einer vorgegebenen Geldmenge erworben werden kann. Da Singlehaushalte, mehrköpfige Familien, Rentner unterschiedliche Warenkörbe kaufen, deren Preise sich unterschiedlich entwickeln können, stellt sich für sie der Geldwert in unterschiedlicher Weise dar. So gesehen, gibt es streng genommen nicht ›den‹ Geldwert, sondern nur Geldwerte aus der Sicht einzelner Verbrauchergruppen. In der Tat berechnet das Statistische Bundesamt Preisindizes für unterschiedliche Verbrauchergruppen. Sie werden dann zu einem ›Preisindex für die Lebenshaltung aller privaten Haushalte‹ zusammengefaßt, der heute als Indikator für ›die‹ Preisentwicklung bevorzugt wird.

Das skizzierte Berechnungsverfahren für das Preisniveau – das ist eine Schwäche – überzeichnet tendenziell die Bedeutung von Preisniveausteigerungen und damit auch den Geldwertverlust. Reaktionen der Verbraucher auf Preisänderungen werden nämlich nicht berücksichtigt. Wird beispielsweise Rindfleisch sehr viel teurer, werden die Verbraucher weniger Rindfleisch aufen und auf andere Nahrungsmittel ausweichen. Die Preissteigerungen beim Rindfleisch werden so ›unterlaufen‹. Bei der Berechnung des Preisindex wird hingegen von einem konstanten Warenkorb ausgegangen, also so getan, als würden die Verbraucher trotz der Preissteigerungen unveränderte Mengen kaufen.

Wer die Preisniveauentwicklung und damit die Geldwertentwicklung über einen längeren Zeitraum – ein Jahrzehnt oder länger – beurteilen will, muß sich über die Tücken des Konzepts im klaren sein. Würde man den Warenkorb von 1950 zugrunde legen und die Ausgaben für diesen Warenkorb bis heute berechnen, wäre das Ergebnis ziemlich unbrauchbar. In dem Warenkorb von 1950 waren Güter enthalten, die heute keiner mehr oder nur noch in viel geringerem Umfang kauft (z. B. Briketts zum Heizen). Viele Güter, die die Konsumenten heute kaufen, gab es 1950 noch gar nicht (z. B. Discplayer). Um die Änderungen im Güterangebot und in den Verbrauchergewohnheiten zu berücksichtigen, bleibt nichts anderes übrig, als den Warenkorb von Zeit zu Zeit zu aktualisieren. Dies geschieht auch, aber das hat Konsequenzen: In Langfristuntersuchungen über den Geldwert (wie beispielsweise auch in Abbildung 3) gehen unterschiedliche und damit nur bedingt vergleichbare Warenkörbe ein. Das bringt Unschärfen in die Geldwertmessung.

3. Ursachen von Preisniveausteigerungen

3.1 Geldmenge: Die Quantitätstheorie

In den Lehrbüchern wird Inflation als ein ›Prozeß anhaltender Preisniveausteigerungen‹ definiert. So gesehen, hat es in der Bundesrepublik seit Anbeginn eine Inflation gegeben, denn das Preisniveau ist in der Tat anhaltend gestiegen (vgl. noch einmal Abbildung 3). Im allgemeinen Sprachgebrauch meint Inflation häufig eine Situation, in der die Preissteigerungen sehr hoch sind, der Preisauftrieb sich noch beschleunigt und das Geldsystem auf einen Kollaps zutaumelt. So gesehen, hat es in der Bundesrepublik bei einer durchschnittlichen Preisniveausteigerungsrate von 3 v. H. zwischen 1950 und 1992 keine Inflation, jedenfalls keine Hyperinflation, allenfalls eine ›schleichende‹ Inflation gegeben. Ob der Inflationsbegriff auf monetäre Katastrophen oder schon auf ›moderate‹ Preisniveausteigerungen bezogen werden sollte, möge jeder für sich entscheiden. Aber auch eine schleichende Inflation darf auf keinen Fall unterschätzt werden. Jährliche Preissteigerungen von 3 Prozent verringern den Geldwert in zehn Jahren um ein Viertel. Und aus einer ›schleichenden‹ Inflation kann immer auch eine ›galloppierende‹ Inflation werden.

Bemerkenswert ist es schon, daß in einem Land wie Deutschland, dessen Einwohner als besonders stabilitätsbewußt eingeschätzt werden, mit einer Notenbank wie der Deutschen Bundesbank, die weltweit als Vorkämpferin für die Geldwertstabilität gilt, eine mehr oder weniger permanente Verringerung des Geldwertes zum wirtschaftlichen Alltag gehört. In anderen Ländern ist das erst recht der Fall. Was die Triebkräfte hinter dem Preisauftrieb sind, ist die Schlüsselfrage: Warum gibt es Preisniveausteigerungen? Hier läßt sich an die Überlegungen aus dem II. Kapitel anknüpfen. Dort waren monetäre Anpassungsprozesse beschrieben worden. Wenn das Geldangebot über die Geldnachfrage steigt, dann – so lautete die entscheidende Aussage (vgl. Abbildung 2) – sind drei Effekte möglich: sinkende Zinsen, ein steigendes Preisniveau und ein steigendes Realeinkommen. In der folgenden Gleichung sind diese Effekte gebündelt:

$$M = k(\underset{-}{i}) \cdot P \cdot Y.$$

Hierin bezeichnet auf der linken Seite M das Geldangebot (die Geldmenge). Zur Vereinfachung wird von einem Zinseinfluß auf das Geldangebot abgesehen. Stattdessen sei angenommen, daß die Geldmenge von der Zentralbank verläßlich gesteuert werden kann (wie und wie gut das gelingt, werden wir im V. Kapitel behandeln).

Auf der rechten Seite ist die Geldnachfrage wiederzufinden. Durch Multiplikation des Preisniveaus P mit dem Realeinkommen Y ergibt sich das nominale Einkommen $P \cdot Y$ der Nichtbanken. Die Geldnachfrage macht einen bestimmten Prozentsatz k in Relation zum nominalen Einkommen aus. Hierin bezeichnet k den ›Kassenhaltungskoeffizienten‹. Wieviel Geld die Nichtbanken in Relation zu ihrem Einkommen nachfragen, hängt unter anderem vom Zins i ab. Je höher der Zins ist, um so geringer ist die Geldnachfrage (das wurde in Kapitel II.2.1 begründet), d. h., um so geringer ist der Kassenhaltungskoeffizient. Die negative Verknüpfung zwischen Zins und Kassenhaltungskoefffizient wird durch das Minuszeichen unter der Funktion k(i) ausgedrückt. Zum Verständnis der Geldnachfrage noch ein Zahlenbeispiel: Das Realeinkommen betrage Y = 1000 DM, das Preisniveau sei P = 2, und der Kassenhaltungskoeffizient betrage beim herrschenden Zins k = 0,2. Dann ist das nominale Einkommen $P \cdot Y = 2000$ DM; die Geldnachfrage beträgt in Relation dazu 20 Prozent, also 400 GE.

An dieser Stelle ist ein Einschub nötig. Vielen ist der Begriff der Umlaufgeschwindigkeit des Geldes bekannt. Die Umlaufgeschwindigkeit u gibt an, wieviel Mal die Geldmenge M ›umlaufen‹ muß, um das nominale Einkommen $(P \cdot Y)$ zu finanzieren. In unserem Zahlenbeispiel müßte eine Geldmenge von 400 DM gerade 5 mal umlaufen, um das nominale Einkommen von 2000 DM zu finanzieren. Mit Hilfe der Umlaufgeschwindigkeit – sie sei mit u bezeichnet – kann man die obige Gleichung auch so schreiben: $M \cdot u(i) = P \cdot Y$. Vergleicht man beide Gleichungen, so zeigt sich, daß die Umlaufgeschwindigkeit der Kehrwert des Kassenhaltungskoeffizienten ist, also $u = 1/k$. Sieht man von tiefergreifenden theoretischen Finessen ab, sind beide Größen austauschbar. Wir werden in diesem Text ausschließlich mit dem Kassenhaltungskoeffizienten k weiter argumentieren.

Wenn das Geldangebot (die Geldmenge M) steigt, wird

- entweder das Realeinkommen Y steigen
- oder das Preisniveau P steigen
- oder der Zins i sinken, wodurch der Kassenhaltungskoeffizient k ansteigt.

Eine Kombination dieser drei Anpassungen führt zu einem Anstieg der Geldnachfrage, bewirkt also, daß das gestiegene Geldangebot von den Nichtbanken ›aufgenommen‹ wird. Soweit dieser Rückgriff auf die schon im II. Kapitel angesprochenen monetären Anpassungsprozesse. Was dort offen blieb, war das Mischungsverhältnis, in dem es nach einer Geldmengenausweitung zu Änderungen des Realeinkommens, des Preisniveaus und des Zinssatzes kommt. Diese Frage steht nun an.

Die sicherlich berühmteste Antwort darauf liefert die Quantitätstheorie des Geldes: Geldmengenänderungen führen auf die Dauer nur zu proportionalen Preisniveauanpassungen. Es kommt weder zu dauerhaften Realeinkommensänderungen noch zu dauerhaften Zinsänderungen. Das sind klare Ergebnisse. Sie stehen aber unter zwei Annahmen, nämlich

- daß Höhe und Entwicklung des Realeinkommens Y nicht von der Geldmenge, sondern von technischen Faktoren abhängen, so von der Verfügbarkeit von Produktionsanlagen, der Verfügbarkeit von Arbeitskraft, dem technischen Stand und Fortschritt. Für die Volkswirtschaft wird eine kräftige Tendenz zur Vollauslastung der Produktionskapazitäten (also auch zur Vollbeschäftigung) unterstellt. Bei voll ausgelasteten Kapazitäten können Einkommenssteigerungen naturgemäß nur über Kapazitätserweiterungen erreicht werden. Eine Erhöhung der Geldmenge leiste das – so die These – nicht. Auch Änderungen der Güterpreise hätten keinen Einfluß auf die Kapazitäten.
- daß der Einfluß des Zinssatzes auf den Kassenhaltungskoefffizienten k vernachlässigbar klein ist. Zwar mögen einige Haushalte bei sinkendem Zins mehr Geld halten (k steigt), aber

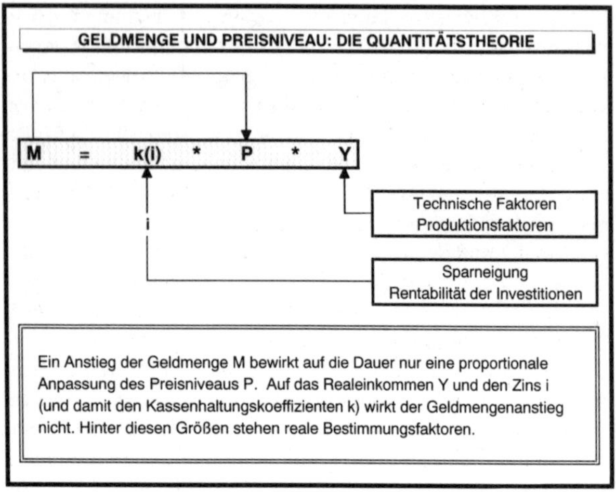

Abbildung 5: Geldmenge und Preisniveau: Die Quantitätstheorie

für die breite Masse spiele der Zins bei der Entscheidung, wieviel Geld gehalten werden soll, kaum eine Rolle. Im übrigen hänge der Zins – auf die Dauer – von realwirtschaftlichen Einflüssen ab: von der Rentabilität der Investitionen und Produktionsanlagen (hohe Rentabilität führt zu hohem Zins) und von der Sparneigung der Bevölkerung (hohe Sparneigung führt zu niedrigem Zins). Die Geldmenge sei da von untergeordneter Bedeutung.

Abbildung 5 faßt die Kernthese der Quantitätstheorie zusammen. Da Realeinkommen und Zinssatz von anderen Faktoren als der Geldmenge und dem Preisniveau bestimmt sind, können sich Geldmengenänderungen nur in Anpassungen des Preisniveaus niederschlagen. Und umgekehrt: Bei gegebenem Realeinkommen und Kassenhaltungskoeffizienten kommt es nur dann zu Preisniveausteigerungen, wenn die Geldmenge ansteigt. Das ist der Zusammenhang, der in dem Kernsatz der Quantitätstheorie zum Ausdruck kommt: ›Inflation ist immer und überall ein monetäres Phänomen‹.

Der Transmissionsmechanismus – auf welchem Wege sich eine Geldmengenausweitung auf die Preise auswirkt – ist schnell beschrieben. Gelangt zusätzliches Geld zu den Haushalten, so steigt – bei zunächst noch unveränderten Güterpreisen – die ›Realkasse‹ (die reale Geldmenge) der Konsumenten an. Auf diese Weise mit zusätzlicher Kaufkraft ausgestattet, werden sie vermehrt Güter nachfragen. An den Gütermärkten steigt die Nachfrage über das – bei Vollauslastung der Produktionskapazitäten begrenzte – Güterangebot. Die Übernachfrage nach Gütern verursacht Preissteigerungen.

Mancher mag sich verdutzt die Augen reiben: So einfach ist das mit der Inflation? Nur die zu rasche Geldmengenausweitung und sonst nichts erklärt die Preisniveausteigerungen? Hier müssen wir in der Tat nachhaken, und zwar in zweifacher Hinsicht: Erstens zeigt die volkswirtschaftliche Erfahrung, daß Preissteigerungen auch unabhängig von Geldmengenausweitungen zustande kommen können. Überhöhte Lohnsteigerungen oder gesamtwirtschaftlicher Nachfragesog wirken sich erfahrungsgemäß auch preistreibend aus. Zweitens: Wenn Inflation nur durch zu rasche Geldmengenausweitung zustande kommt, dann müßte es eigentlich ein leichtes sein, das Übel der Inflation auszumerzen. Die Zentralbank darf eben keine ›übermäßige‹ Geldmengenausweitung zulassen. Die Realität ist nun aber von anhaltenden Preisniveausteigerungen geprägt. Vielleicht haben Geldmengenänderungen doch noch andere Wirkungen als nur Preiseffekte. Vielleicht fällt deswegen den Zentralbanken eine stabilitätsgerechte Geldmengenversorgung nicht leicht.

3.2 Verteilungskampf: Die Lohn-Preis-Spirale

Es gibt einige teuflische Zyklen in der Volkswirtschaft, und einer davon ist die ›Lohn-Preis-Spirale‹ als Ausdruck des Verteilungskampfes zwischen Arbeitnehmern und Unternehmern. In den Lohntarifverhandlungen setzen die Gewerkschaften mit Hinweis auf steigende Preise Lohnanhebungen durch, die häufig über den Produktivitätsanstieg in der Wirtschaft hinausgehen. Das erhöht die Lohnkosten. Die Unternehmen überwälzen die höheren Kosten in die Preise – es kommt zu einem weiteren Preisauftrieb. Das nehmen die Gewerkschaften bei der nächsten Lohnrunde zum Anlaß für neuerliche Lohnforderungen. Der Kostenauftrieb geht weiter, und auf ihn folgt wieder ein Preisauftrieb. Am Ende weiß niemand mehr, was Ursache und was

Wirkung ist: Haben die Lohnerhöhungen die Preise getrieben, oder war es umgekehrt?

Wie auch immer: Im Ergebnis ist die Lohn-Preis-Spirale ein Prozeß, der den Geldwert beeinträchtigt, denn der Prozeß ist mit Preissteigerungen verbunden. Hier ist es offenbar nicht zuviel Geld, das den Preisauftrieb ausgelöst hat, sondern ein zu starker Kostenauftrieb. Damit tut sich scheinbar ein Widerspruch zur Quantitätstheorie auf. Denn nach der Quantitätstheorie kommt nur eine übermäßige Geldmengenexpansion als Inflationsursache in Frage; von Kosten ist da gar nicht die Rede. Doch der Widerspruch läßt sich lösen. Es müssen nur unterschiedliche Zeitperspektiven ins Blickfeld gerückt werden. Auf kürzere Frist – Zeiträume, die allenfalls wenige Jahre lang sind – kann es von der Kostenseite her auch ohne Zutun der Geldmenge zu einem Preisauftrieb kommen. Auf lange Sicht wird der Preisauftrieb aber nur weitergehen, wenn es auch zu einer Ausweitung der Geldmenge kommt. Das gilt es als erstes zu zeigen. Danach wollen wir uns mit dem Paradox beschäftigen, daß die Bekämpfung des Preisauftriebs leicht möglich scheint und dennoch unterbleibt.

(a) Vorübergehender Preisauftrieb durch Kostendruck: Mit Blick auf die Beziehung zwischen der Geldmenge und der Geldnachfrage, also $M = k(i) \cdot P \cdot Y$, wollen wir die Lohn-Preis-Spirale noch einmal etwas genauer unter die Lupe nehmen. Um Kosteneffekte und Geldmengeneffekte nicht miteinander zu vermischen, sei zunächst unterstellt, daß die Geldmenge M unverändert bleibt. Wir beschäftigen uns also erst mit der ›kürzeren Frist‹. Es setzte eine Lohn-Preis-Spirale ein (das Folgende ist in Abbildung 6 skizziert). Der Lohnkostendruck führt zu einem Anstieg des Preisniveaus P. Das bleibt aber nicht ohne Folgen. Da wegen der Preissteigerungen das nominale Einkommen in der Volkswirtschaft $(P \cdot Y)$ steigt, nimmt entsprechend die Geldnachfrage $(k \cdot P \cdot Y)$ zu. Doch die Geldmenge bleibt annahmegemäß unverändert. Somit verursacht die Lohn-Preis-Spirale eine Übernachfrage nach Geld. Die Haushalte und Unternehmen wollen eine größere Geldmenge halten als verfügbar ist. Dies wird Anpassungsreaktionen auslösen. Die Nichtbanken halten neben Geld auch Wertpapiere. Um die Geld-›Lücke‹ aufzufüllen, werden die Nichtbanken versuchen, Wertpapiere in Geld umzuwandeln. An der Börse werden jetzt also Wertpa-

KOSTEN UND PREISNIVEAU: DIE LOHN-PREIS-SPIRALE

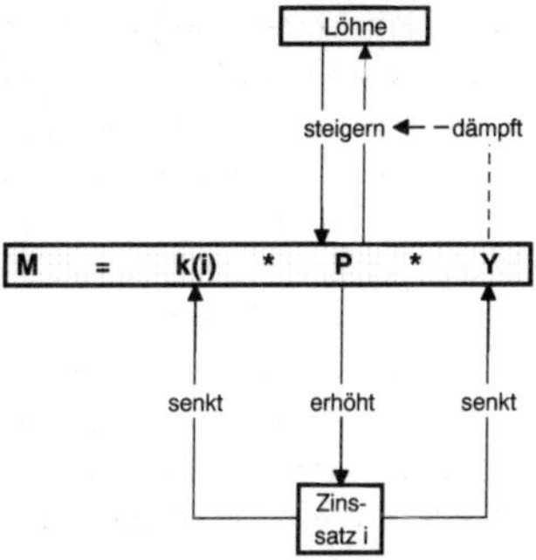

Lohnsteigerungen bewirken Preissteigerungen, die erneut Lohnsteigerungen hervorrufen. Da infolge der Preissteigerungen auch die Geldnachfrage zunimmt, kommt es - bei unveränderter Geldmenge M - zu einer Geldverknappung. Dies treibt die Zinsen hoch. Zinsabhängige Güternachfrage schrumpft, so daß sich Produktion und Realeinkommen verringern. Auf die Lohn-Preis-Spirale wirkt das dämpfend, so daß der Preisauftrieb auf die Dauer nachläßt.

Abbildung 6: Kosten und Preisniveau: Die Lohn-Preis-Spirale

piere verstärkt zum Verkauf angeboten, mit der Folge, daß die Wertpapierkurse sinken und der Zinssatz ansteigt (an die in Kapitel II.2.2 angesprochene inverse Beziehung zwischen Wertpapierkurs und Zins sei noch einmal erinnert).

Die Zinssteigerungen haben einen doppelten Effekt: Zum einen wird bei höheren Zinsen der Kassenhaltungkoeffizient k sinken. Das verringert die Geldnachfrage wieder ein wenig. Der andere Effekt ist volkswirtschaftlich bedeutender. Die höheren Zinsen werden zu einer verminderten Nachfrage nach Gütern in der Volkswirtschaft führen. Investoren, die ihre Maschinen mit Krediten finanzieren, Bauherren, die Häuser kaufen und dafür eine Hypothek aufnehmen, Konsumenten, die teure Güter wie z. B. Autos auf Kredit erwerben: Sie alle müssen jetzt höhere Zinsen zahlen, und da wird es einige geben, die vom Kauf Abstand nehmen. Die Auftragsbücher der Unternehmen werden leerer. Über kurz oder lang wird das zu einer Produktionseinschränkung führen, und die Unternehmen benötigen weniger Arbeitskräfte. Es entsteht Arbeitslosigkeit, und das reale Einkommen Y in der Volkswirtschaft sinkt.

Das ist nun eine wichtige Erkenntnis. Die Lohn-Preis-Spirale führt, immer unter der Voraussetzung, daß die Geldmenge konstant gehalten wird, früher oder später zu Realeinkommenssenkungen und zu steigender Arbeitslosigkeit. Für die weitere Entwicklung kommt es nun entscheidend darauf an, wie die

Akteure – Unternehmen und Gewerkschaften – auf diese Folgen ihres Verteilungskampfes reagieren. Würde sich die Lohn-Preis-Spirale unvermindert drehen, ginge auch der Preisauftrieb weiter. Das Geld verliert dann immer mehr an Wert. Diese pessimistische Sicht ist freilich wenig realistisch. Da sich mit dem schrumpfenden Geldwert zugleich eine anschwellende Arbeitslosigkeit einstellt, wird es irgendwann zu dem Punkt kommen, ab dem sich die Lohnabschlüsse mäßigen und der Preisauftrieb abebbt. Lohnkostenbedingter Preisauftrieb löst also letzten Endes Gegenkräfte aus, die den Kostenauftrieb bremsen. Ziehen wir eine Zwischenbilanz:

– Kostensteigerungen (hier wurde das Beispiel der Lohnkostensteigerungen verwendet) führen zu Preisauftriebstendenzen und damit zu Geldwertverlusten, auch dann, wenn die Geldmenge unverändert bleibt. Es gibt mithin auch nichtmonetäre Ursachen für einen Preisauftrieb.
– Aber: solange die Geldmenge unverändert bleibt, wird der kostenbedingte Preisauftrieb letztlich nur vorübergehender Natur sein. Steigende Arbeitslosigkeit und schrumpfende Güterproduktion lösen Gegenkräfte gegen den Kostenauftrieb aus, bremsen so den Preisauftrieb ab und begrenzen schließlich den Geldwertverlust.

Wie lange sich ohne eine Geldmengenausweitung ein kostenbedingter Preisauftrieb fortsetzt, läßt sich nicht pauschal sagen. Aber klar sollte sein, daß dauerhafte Preisauftriebstendenzen durch den Kostenanstieg nur begründet werden können, wenn die Geldmenge entsprechend mitsteigt. Der durch den Preisauftrieb entstehende zusätzliche Bedarf an Geld würde dann von der Zentralbank gedeckt. Es käme nicht zu der zinssteigernden Übernachfrage nach Geld. Die den Kostenauftrieb bremsenden Gegenkräfte würden ausgeschaltet.

Vor dem Hintergrund dieser Überlegungen muß die Hervorhebung der monetären Inflationsursachen (Geldmengenausweitung) durch die Quantitätstheorie in modifizierter Weise interpretiert werden. Es ist nicht auszuschließen, daß es vorübergehend auch bei unveränderter Geldmenge einen Preisauftrieb und Geldwertverluste geben kann. Aber ein auf lange Sicht anhaltender Preisauftrieb ist – im Sinne der Quantitätstheorie – eben nur bei einer entsprechenden Geldmengenausweitung zu erwarten. Eine andere Frage ist, was ›vorübergehend‹ und was auf

›lange Sicht‹ bedeutet. Wenn ›vorübergehend‹ ein, zwei oder mehr Jahre umfaßt, sind kostenbedingte Geldwertverluste nicht mehr einfach zu vernachlässigen. Im Blickfeld der Öffentlichkeit stehen in der Tat mehr die kurzfristigen Bewegungen als die langfristigen Zusammenhänge. In einer Phase kostenbedingten Preisauftriebs übersehen viele, daß die Fortführung des Inflationsprozesses auf die Dauer eine monetäre Expansion voraussetzt.

(b) Warum Preisniveausteigerungen die Regel sind: Eigentlich ist es paradox. Nach der Quantitätstheorie ist die Stabilität des Geldwertes sehr einfach zu erreichen. Die Zentralbank muß die Geldmenge nur in Übereinstimmung mit den realwirtschaftlichen Anforderungen halten, darf also nicht zu viel Geld in den Umlauf geben, dann bleibt das Preisniveau – von vorübergehendem kostenbedingten Preisauftrieb abgesehen – stabil. Obwohl das in der Theorie so einfach ist, kommt es in der Realität immer wieder zu ›übermäßigen‹ Geldmengenausweitungen. Selbst in einem so stabilitätsbewußten Land wie Deutschland sind Preisniveausteigerungen die Regel statt die Ausnahme.

Für die Erklärung dieses Paradoxes liefert die Lohn-Preis-Spirale einen Anhaltspunkt. Die Lohn-Preis-Spirale führt nicht nur zu Geldwertverlusten, sondern auch zu Produktionseinschränkungen und zu anschwellender Arbeitslosigkeit. Das gilt aber nur, solange die Geldmenge konsequent konstant gehalten wird und nicht im Gleichschritt mit den Preissteigerungen ausgeweitet wird. Genau darin liegt die Achillesferse des Geldsystems. Anschwellende Arbeitslosigkeit löst in der Öffentlichkeit, bei den Arbeitnehmern, in der Politik beträchtliche Sorgen aus. Die Angst vor einem Abgleiten in die Rezession greift um sich. Politiker bangen um ihre Wiederwahl. In diesem unruhigen Klima wird der Druck auf die Zentralbank zunehmen, die monetären Zügel doch zu lockern und mehr Geld in den Kreislauf zu geben. Da nutzt es im allgemeinen wenig, daß Sachverständige und Forschungsinstitute der Notenbank bescheinigen, daß nicht der Mangel an Geld, sondern die inflationäre Lohn-Preis-Spirale die Wurzel des Übels am Arbeitsmarkt ist. Bleibt die Zentralbank standhaft und öffnet sie die monetären Schleusen nicht, wird sie zunehmend in Konfrontation zur öffentlichen Meinung geraten. Der Vorwurf, die Zentralbank würge mit ihrer – wie es dann heißen wird – überzogenen Restriktionspolitik die Konjunktur ab, ist schnell gemacht.

Am Ende wird sich die Zentralbank unter dem Druck der öffentlichen Diskussion doch zu einer gewissen Lockerung der Geldmengenversorgung durchringen. Für den Arbeitsmarkt ginge die Rechnung zunächst sogar auf. Weil nun die durch den kostenbedingten Preisauftrieb steigende Geldnachfrage durch zusätzliches Geld gedeckt wird, kommt es nicht mehr zu der Kette Geldknappheit – Zinssteigerung – Nachfrageeinschränkung – Produktionseinschränkung – Beschäftigungsrückgang. Daß damit allerdings auch die Bremsen für den Preisauftrieb gelockert werden und aus dem vorübergehenden ein dauerhafter Preisauftrieb zu werden droht, steht auf einem anderen Blatt.

Im Lichte dieser Interpretation sind anhaltende Geldwertverluste letztlich auf zweierlei zurückzuführen: zum einen auf einen Verteilungskampf vor allem zwischen Arbeitnehmern und Unternehmern, der zu einer Lohn-Preis-Spirale führt, und zum anderen auf die Kompromißbereitschaft der Zentralbank, die im Interesse der Begrenzung von Produktionseinschränkungen und Arbeitslosigkeit bis zu einem gewissen Grade die Geldmenge über das stabilitätsgerechte Maß hinaus ausweitet. Umgekehrt: Um den Binnenwert des Geldes wirksam zu stabilisieren, wäre zweierlei erforderlich: zum einen der Verzicht auf Verteilungskämpfe mitsamt ihren Lohn-Preis-Spiralen und zum anderen Zentralbanken, die zu keinen Kompromissen in Sachen Geldwertstabilität genötigt werden. Brauchbare Vorschläge, wie man beides realisieren könnte, gibt es bislang noch nicht.

3.3 Nachfragesog: Der Verdrängungseffekt

Neben Kostendruck kann auch Nachfragesog zu Preissteigerungen führen. Vorausgesetzt, die volkswirtschaftlichen Produktionskapazitäten sind voll ausgelastet (und von der Möglichkeit abgesehen, zusätzliche Güter aus dem Ausland beschaffen zu können), führt ein plötzlicher Anstieg der Güternachfrage zu einer Übernachfrage an den Gütermärkten. Es kommt zu Preisanhebungen, auch ohne daß die Geldmenge steigt. Allerdings wird der Preisauftrieb nicht von langer Dauer sein, werden doch Gegeneffekte (›Verdrängungseffekte‹) ausgelöst, die eine Senkung der Güternachfrage bewirken. Mit Hilfe von Abbildung 7 können die wesentlichen Elemente erörtert werden.

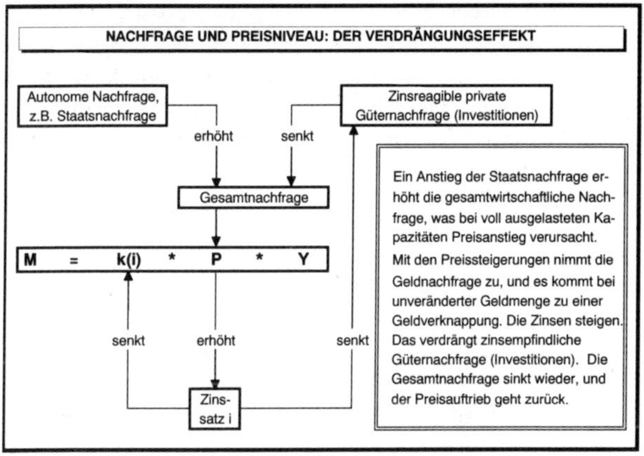

Abbildung 7: Nachfrage und Preisniveau: Der Verdrängungseffekt

Nehmen wir an, der Staat würde seine Güternachfrage (Staatsausgaben) plötzlich deutlich erhöhen. Dadurch steigt die volkswirtschaftliche Güternachfrage; es kommt – weil die Produktionskapazitäten voll ausgelastet seien – zu einer Übernachfrage nach Gütern und damit zu Preissteigerungen. Die Geldnachfrage erhöht sich, doch die Zentralbank halte die Geldmenge konstant. Somit ist eine Übernachfrage nach Geld die Folge, die zu Zinssteigerungen führt (vgl. zur Begründung des Zinseffektes Kapitel II.2.2). Aufgrund der Zinssteigerungen werden die Haushalte und Unternehmen zinsempfindliche Ausgaben einschränken. Baupläne werden hinausgeschoben, weil die Hypotheken teurer werden; die Beschaffung von Investitionsgütern wird eingeschränkt, weil Investitionskredite teurer werden; langlebige Konsumgüter werden weniger gekauft, weil Konsumentenkredite teurer werden. Damit sind wir schon beim ›Verdrängungseffekt‹ angelangt: Der Staat hat durch die Ausweitung seiner Güternachfrage über die dadurch ausgelösten Zinssteigerungen private Güternachfrage verdrängt. Weil die privaten Ausgaben reduziert werden, sinkt die gesamtwirtschaftliche Güternachfrage wieder, und die anfänglichen Preisanhebungen bilden sich zurück.

Hier zeigt sich, daß eine Ausweitung der Staatsausgaben (oder ein plötzlicher Anstieg der Nachfrage des Auslands nach inländischen Produkten) nicht zu einem anhaltenden Preisauftrieb führen muß. Der Preiseffekt ist um so geringer und von um so kürzerer Dauer, je empfindlicher die privaten Ausgaben auf Zinssteigerungen reagieren. Nur im Extremfall, daß die privaten Nachfrager überhaupt nicht auf die Zinssteigerungen reagieren, würde der Verdrängungseffekt nicht wirken. Doch auch die Rolle der Zentralbank ist zu bedenken. Würde sie den Zinssteigerungen etwa durch eine Ausweitung der Geldmenge entgegenwirken, bliebe der Verdrängungseffekt aus und die durch den Nachfragestoß ausgelöste Preissteigerung würde nun durch die Geldmengenausweitung verfestigt. Wie schon beim kostenbedingten Preisauftrieb gilt auch bei einem nachfragebedingten Preisauftrieb, daß er nur dann dauerhaft wird, wenn es zu einer Ausweitung der Geldmenge kommt. Einmal mehr wird die wichtige Rolle der Geldmengenentwicklung für die Preisbewegungen und damit für den Binnenwert des Geldes deutlich.

4. Geldwertstabilität und Inflationserwartungen

Das Tückische an Geldwertverlusten ist ihre Tendenz, sich zu verfestigen. Wenn erst einmal Inflationserwartungen an allen Märkten virulent sind, dann wird die Wiedergewinnung der Geldwertstabilität um so schwieriger. Dies wollen wir noch einmal am Beispiel der Löhne und dann bei den Zinsen schildern.

(a) Inflationserwartungen im Lohn und Zins: Für stabilitätsgerechte Lohnerhöhungen gibt es eine einfache Faustformel: Die Lohnsteigerungen sollten im großen und ganzen mit den Produktivitätssteigerungen in der Wirtschaft übereinstimmen. Das würde die Lohnkosten stabil halten und lohnkostenbedingten Preisauftrieb verhindern. Es würde zugleich die Einkommen der Arbeitnehmer voll am Wachstum der Wirtschaft beteiligen, also die Verteilungsrelation zwischen Einkommen und Gewinnen unverändert lassen. Eine solche lohnpolitische Formel wird aber sofort auf den Widerstand der Arbeitnehmer stoßen, und zwar vor allem dann, wenn sie mit Preissteigerungen rechnen, also Inflationserwartungen haben.

Würden die Löhne um 3 Prozent angehoben, weil auch mit Produktivitätssteigerungen in dieser Höhe gerechnet wird, und steigen dann die Preise um 5 Prozent, hieße das für die Arbeitnehmer eine reale Lohneinbuße um 2 Prozent. Die Arbeitnehmer werden dann bei ihren Lohnforderungen neben der Produktivitätssteigerungsrate auch die erwartete Inflationsrate einrechnen. Die Unternehmer werden sich dagegen zwar eine Zeitlang mit dem Argument sträuben, die künftige Inflation sei ihrerseits von der jetzt zu vereinbarenden Lohnanhebung abhängig. Aber letztlich werden sie klein beigeben, weil sie durch die erwarteten Preisanhebungen in der Lage sein werden, höhere Löhne zu überwälzen. Am Ende werden also Lohnanhebungen von 8 Prozent vereinbart, die neben der Produktivitätssteigerungsrate (3 Prozent) noch die (erwartete) Preissteigerungsrate (5 Prozent) enthalten. Je höher die erwartete Inflationsrate ist, um so höher wird die vereinbarte Lohnsteigerungsrate sein.

In ähnlicher Weise wie die Löhne werden auch die Zinsen auf die Inflationserwartungen reagieren. Nehmen wir an, ein privater Haushalt würde ein Wertpapier zum Kurs von 100 erwerben, und er wäre – bei stabilen Preisen – mit einer Verzinsung von 4 Prozent zufrieden. Wenn nun statt der stabilen Preise mit Preissteigerungen von 5 Prozent gerechnet wird, würde der Haushalt vermutlich wie folgt argumentieren: Der Preisanstieg verringert den realen Wert des Wertpapiers um 5 Prozent; für diesen Wertverlust verlange ich einen Ausgleich und fordere statt 4 Prozent Zinsen nunmehr einen Zins von 9 Prozent. Kurz: Der Gläubiger kalkuliert die erwartete Inflationsrate in seine Zinsforderungen ein.

Ein Schuldner wird das auch tun. Angenommen, ein Bauherr würde für den Kauf einer Mietwohnung einen Kredit von 400 000 DM aufnehmen und wäre bereit, dafür – bei stabilen Preisen (und Mieten) – einen Zins von 4 Prozent zu zahlen. Ist nun aber statt mit Preisstabilität mit einem Preis- (und Miet-)anstieg von 5 Prozent zu rechnen, wird der Schulder auch einen Zins von 9 Prozent zu zahlen bereit sein. Seine reale Belastung aus dem Kredit ist bei einem Zins von 9 Prozent und Preissteigerungen von 5 Prozent genauso hoch wie bei einem Zins von 4 Prozent und Preisniveaustabilität.

(b) Kosten der Disinflation: Man kann also davon ausgehen, daß die erwartete Inflationsrate sowohl in den Lohnsteige-

rungsraten als auch im Zinssatz berücksichtigt wird. Die Einbeziehung der erwarteten Inflationsrate bei Lohnabschlüssen und Zinsen kann niemandem verwehrt werden. Das Problem ist allerdings, daß damit die Wiedergewinnung der Geldwertstabilität erschwert wird. Nehmen wir an, in den Lohnsteigerungsraten und in den Zinssätzen sei eine erwartete Preissteigerungsrate von 5 Prozent einbezogen. Jetzt schalte die Zentralbank abrupt auf monetäre Restriktion um; sie halte die Geldmenge so knapp, daß statt der erwarteten Preissteigerungsrate von 5 Prozent am Ende nur noch eine Preissteigerungsrate von 1 Prozent realisiert wird. Die Restriktionspolitik war erfolgreich, die Inflation wurde gebrochen – aber mit welchen Konsequenzen?

Die Unternehmer kommen in ernsthafte Rentabilitätsschwierigkeiten. Sie hatten Lohnanhebungen von 8 Prozent nur in der Erwartung einer Inflationsrate von 5 Prozent zugestimmt. Wenn jetzt nur noch Preisüberwälzungen in Höhe von 1 Prozent möglich sind, gehen die hohen Lohnsteigerungen zu Lasten der Erträge. Das wird zu Produktionseinschränkungen, Entlassungen und schlimmstenfalls zu Betriebschließungen führen. Die Arbeitnehmer haben zwar zunächst einen Vorteil: Sie hatten mit realen Lohnsteigerungen von 3 Prozent (8 Prozent nominale Lohnsteigerungen abzüglich 5 Prozent Inflationsrate) gerechnet. Tatsächlich steigen jetzt die realen Löhne um 7 Prozent (8 – 1). Doch die Freude darüber wird getrübt durch den Verlust von Arbeitsplätzen.

Die Kreditnehmer werden durch die Preisstabilisierung empfindlich belastet. Sie hatten eine reale Zinsbelastung von 4 Prozent (9 Prozent nominaler Zins abzüglich 5 Prozent Preissteigerungsrate) erwartet, müssen nun aber mit 8 Prozent (9 – 1) eine viel höhere Zinsbelastung tragen. Manche von ihnen werden die hohe reale Zinslast nicht aufbringen können und zahlungsunfähig werden. Die Gläubiger sind zwar auf den ersten Blick begünstigt, erhalten sie doch statt der erwarteten realen Verzinsung von 4 Prozent nunmehr eine Verzinsung von 8 Prozent. Aber das nutzt ihnen wenig, wenn ihre Schuldner durch die hohe Zinslast zahlungsunfähig geworden sind und aufgenommene Kredite nicht mehr zurückzahlen.

Die (für die Akteure an den Märkten) unerwartete Rückführung der Inflationsrate löst also beträchtliche Belastungen (›Kosten der Disinflation‹) aus. Dies macht die Gefährlichkeit von

Inflationserwartungen deutlich. Ist die Erosion des Geldwertes erst einmal alltäglich geworden, haben sich Inflationserwartungen breit gemacht und sind sie in Lohnkontrakten, Kreditverträgen und Mietverträgen erst einmal voll berücksichtigt, wird die Wiedergewinnung der Geldwertstabilität zu einer immer kostspieligeren und damit heiklen Angelegenheit. Die Zentralbank wird sich dem Vorwurf ausgesetzt sehen, daß sie mit ihrer rigorosen Bremspolitik zwar die Inflationsrate unter die Inflationserwartungen gedrückt hat, damit aber zugleich Arbeitslosigkeit und Bankrotts von Unternehmen und Schuldnern ausgelöst hat. Die Zentralbank hat diesen Vorwürfen nicht mehr entgegenzusetzen, als daß diese Belastungen zur Wiedererlangung der Geldwertstabilität unvermeidlich waren.

Man mag einwenden, daß die Zentralbank die Belastungen aus dem Stabilisierungsprozeß geringer hätte halten können. Hätte sie ihre rigorose Restriktionspolitik vorher angekündigt und der Öffentlichkeit glaubhaft vermittelt, daß sie – um in dem Zahlenbeispiel zu bleiben – nur 1 Prozent Preisanstieg zulassen würde, wo alle Welt mit 5 Prozent rechnet, wäre wohl niemand auf die Idee gekommen, bei seinen Dispositionen (über Lohnabschlüsse und Kredite) von weit höheren Inflationsraten auszugehen. Wenn Inflationserwartungen von 1 Prozent statt 5 Prozent berücksichtigt worden wären, wäre es nicht zu dem gekommen, was die Kosten der Disinflation verursacht: daß die tatsächliche Inflationsrate unter die Inflationserwartungen gedrückt wird. Der Einwand ist richtig – aber nur teilweise. Auf die Vorankündigung der Restriktion hätten nur diejenigen reagieren können, die gerade neu über Löhne oder Kreditkonditionen verhandeln. Denjenigen, die ihre Kontrakte gestern abgeschlossen haben und dabei noch die Inflationserwartungen von gestern eingestellt haben, können gar nicht reagieren.

Ziehen wir die Bilanz: Haben sich Inflationserwartungen erst einmal durchgesetzt, wird die Wiedergewinnung der Geldwertstabilität schwer. Sie verursacht Anpassungslasten bei denen, die mit höheren Inflationsraten gerechnet haben. Einiges mag die Zentralbank mildern, indem sie ihre Entschlossenheit zur Bekämpfung des Preisauftriebs deutlich macht und Restriktionsmaßnahmen vorankündigt. Aber alles in allem ist der beste Weg, die Kosten der Disinflation zu vermeiden, der, die Inflation gar nicht erst entstehen zu lassen.

IV. Kapitel: Der Außenwert des Geldes

1. Außenwert und Wechselkurs

Die internationale Reputation einer Währung schlägt sich in ihrem Außenwert nieder. ›Harte‹ Währungen genießen Vertrauen, weil sie Stabilität versprechen. Im internationalen Zahlungsverkehr und für internationale Kapitalanlagen werden sie gerne verwendet. ›Weiche‹ Währungen sind von Wertverfall bedroht. Sie werden im internationalen Wirtschaftsverkehr gemieden. Hartwährungsländer gelten als leistungsstark, innovativ, diszipliniert. Weichwährungsländer erscheinen vielfach als leistungsschwach und unbeweglich.

An der Nahtstelle zwischen der inländischen Währung und einer ausländischen Währung steht der Wechselkurs. Der Wechselkurs ist der Preis für eine ausländische Währungseinheit, gerechnet in inländischen Währungseinheiten, also beispielsweise 2,00 D-Mark für einen US-Dollar. Statt vom Wechselkurs wird in der Praxis häufig auch vom Devisenkurs gesprochen. Als Außenwert einer Währung kann man den Kehrwert des Wechselkurses bezeichnen, also:

$$\begin{matrix}\text{Außenwert der D-Mark}\\ \text{gegenüber dem Dollar}\end{matrix} = \frac{1}{\text{Wechselkurs des Dollars (in D-Mark)}}$$

Der Außenwert drückt aus, wieviel Einheiten der ausländischen Währung man für eine Einheit der inländischen Währung erhält. Bei einem Wechselkurs des Dollar von 2 DM/Dollar ist der Außenwert der D-Mark gegenüber dem Dollar 0,50 Dollar/DM; eine D-Mark ist ›nach außen‹ (hier: gegenüber dem Dollar) 0,50 Dollar wert. (Mitunter wird der Begriff ›Außenwert‹ auch anders definiert: Soll erfaßt werden, wieviel Einheiten ausländischer *Güter* – statt ausländischer Währung – man für eine Einheit inländischer Währung erhält, muß noch das Preisniveau ausländischer Güter berücksichtigt werden. Die Gleichung würde dann lauten:

$$\text{Außenwert} = 1/(\text{Wechselkurs} \cdot \text{Güterpreise im Ausland}).$$

Der Wechselkurs kann sich – wie jeder andere Preis auch – ändern. Sinkt der Wechselkurs des Dollar, z. B. von 2,00 DM/

Dollar auf 1,50 DM/Dollar, so müssen für einen Dollar weniger D-Mark als zuvor aufgewendet werden. Das ist eine Aufwertung der D-Mark (ihr Außenwert gegenüber dem Dollar steigt) und zugleich eine Abwertung des Dollar (er ist im Vergleich zur D-Mark weniger wert geworden). Ob eine Aufwertung der D-Mark gegenüber dem Dollar positiv oder negativ einzuschätzen ist, hängt – wie so oft in der Ökonomie – vom Standpunkt des Betrachters ab (vgl. zum Folgenden Abbildung 8, oberer Teil).

Aus der Sicht privater Haushalte ist die Aufwertung der D-Mark vorteilhaft. Ausländische Produkte werden für die Konsumenten billiger. Amerikanische Computer im Werte von 3000 Dollar kosten bei einem Wechselkurs von 2 DM/Dollar 6000 DM, nach einer Aufwertung der D-Mark auf 1,50 DM/Dollar hingegen nur noch 4.500 DM. Konsumenten sind an einem hohen Außenwert der heimischen Währung und damit an einem niedrigen Wechselkurs für die ausländische Währung interessiert. Doch das ist nur die Sicht der Konsumenten. Für die inländischen Produzenten stellt sich die Lage anders dar: Die Aufwertung verschlechtert ihre preisliche Wettbewerbsfähigkeit gegenüber ausländischen Konkurrenten. Hat – um im obigen Zahlenbeispiel zu bleiben – ein deutscher Computer einen Preis von 5000 DM, so war er vor der Aufwertung gegenüber den amerikanischen Computern (die umgerechnet 6000 DM gekostet haben) preislich wettbewerbsfähig; nach der Aufwertung ist er es nicht mehr (denn amerikanische Computer kosten nur noch 4500 DM). Aus der Sicht der Unternehmen wäre grundsätzlich ein niedriger Außenwert der Währung und damit ein hoher Wechselkurs wünschenswert, weil das ihre preisliche Wettbewerbsfähigkeit begünstigt.

Der Wechselkurs beeinflußt nicht nur den grenzüberschreitenden Güterverkehr, sondern auch den Kapitalverkehr. Der Kapitalverkehr umfaßt alle Kredit- und Wertpapiertransaktionen zwischen dem Inland und dem Ausland. Er führt entweder dazu, daß Inländer Forderungen gegenüber dem Ausland erwerben (Beispiel: ein deutscher privater Haushalt erwirbt amerikanische Wertpapiere) oder daß Inländer Schuldner des Auslands werden (Beispiel: ein deutsches Unternehmen nimmt in Amerika einen Bankkredit auf). Wenn solche Forderungen und Schulden auf fremde Währung lauten, wird ihr Wert vom

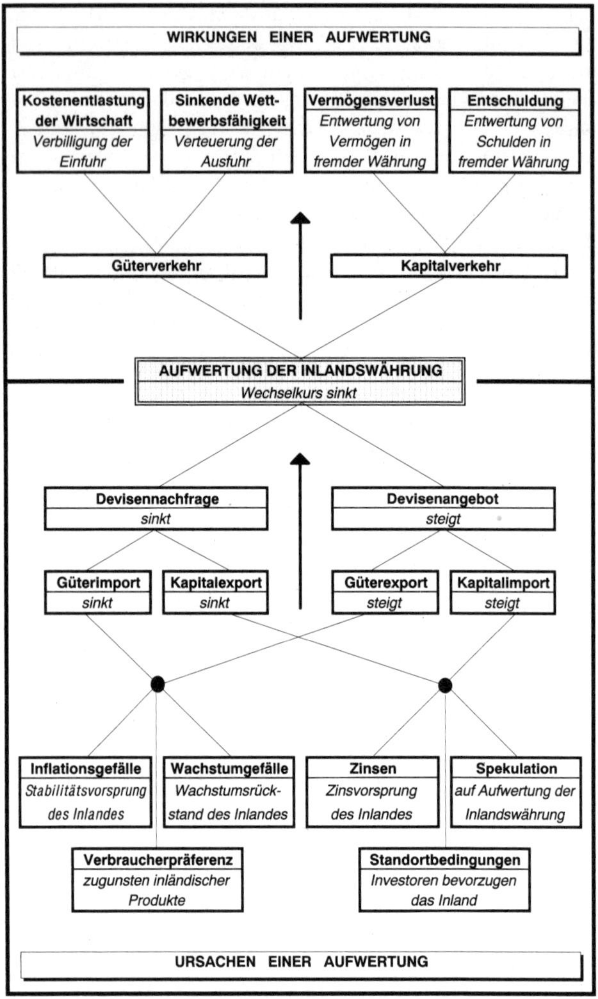

Abbildung 8: Wirkungen und Ursachen einer Aufwertung

Wechselkurs beeinflußt. Aus der Sicht des Gläubigers einer Auslandsforderung ist die Aufwertung der heimischen Währung nicht willkommen. Amerikanische Wertpapiere im Wert von

10 000 Dollar sind bei einem Wechselkurs von 2 DM/Dollar in D-Mark gerechnet 20 000 DM wert, nach der Aufwertung der D-Mark auf 1,50 DM/Dollar aber nur noch 15 000 DM. Die Aufwertung der heimischen Währung bringt also für die Gläubiger von Auslandsforderungen (sofern diese in ausländischer Währung denominiert sind) einen Vermögensverlust mit sich. Auf der Gewinnerseite stehen hingegen die Schuldner von Auslandsverbindlichkeiten. Ein inländisches Unternehmen, das einer ausländischen Bank 10 000 Dollar aus einem Kredit schuldet, sieht sich nach einer Aufwertung der D-Mark teilweise ›entschuldet‹; denn bei einem Kurs von 2 DM/Dollar machte seine Auslandsschuld 20 000 DM aus, nach der Aufwertung auf 1,50 DM nur noch 15 000 DM.

2. Messung des nominalen Außenwertes

Die D-Mark kann sich gegenüber den verschiedenen Währungen der Welt sehr unterschiedlich entwickeln, etwa gegenüber dem Dollar stark aufwerten, gleichzeitig gegenüber dem Franc schwach aufwerten und gegenüber dem japanischen Yen abwerten. Um etwas über *den* Außenwert der D-Mark aussagen zu können, müssen die Wechselkursentwicklungen gegenüber den verschiedenen Währungen in einer Gesamtzahl zusammengefaßt werden. Sinnvollerweise sind dabei die verschiedenen Währungen entsprechend ihrer Bedeutung zu gewichten. Aus der Sicht der inländischen Konsumenten wären die Wechselkurse der einzelnen Währungen mit den Gewichten zu berücksichtigen, mit denen Güter der jeweiligen Länder im Warenkorb der Konsumenten enthalten sind. Wenn deutsche Konsumenten viele französische und wenige amerikanische Waren kaufen, sollte der französische Franc mit einem hohen, der Dollar mit einem niedrigen Gewicht einbezogen werden. Eine andere Sicht haben Besitzer von Auslandsforderungen. Für sie hängt die Bedeutung einer Währung und ihres Wechselkurses davon ab, wieviele Forderungen sie in dieser Währung halten. Wenn deutsche Vermögensbesitzer hohe Forderungsbestände in Dollar aber nur geringe in Franc halten, wäre bei der Berechnung des Außenwertes ein hohes Gewicht für den Dollar und ein niedriges für den Franc zu wählen.

Wieder einen anderen Blickwinkel wählt die Deutsche Bundesbank, die eine sozusagen ›amtliche‹ Berechnung des Außenwertes der D-Mark liefert. Mit dem (nominalen) Außenwert soll – so das Ziel der Bundesbank – ›die Veränderung der preislichen Wettbewerbsfähigkeit der Bundesrepublik gegenüber ihren wichtigsten Konkurrenten weltweit gemessen werden‹ (Monatsberichte der Deutschen Bundesbank, April 1989, S. 44). Die Wettbewerbsfähigkeit eines Produktes hängt von vielen Faktoren ab: von seinem Preis, von seiner Qualität und der Güte seiner Marketingstrategie. Was im vorliegenden Zusammenhang ausschließlich behandelt wird, ist die Frage, inwieweit durch *Wechselkurs*änderungen (und durch nichts anderes sonst) die preisliche (und nur diese) Wettbewerbsfähigkeit der deutschen Produkte besser oder schlechter geworden ist.

Eine Wechselkursänderung, beispielsweise eine Aufwertung der D-Mark gegenüber dem französischen Franc, beeinflußt die Wettbewerbsposition auf drei Ebenen:
– am Auslandsmarkt gegenüber den dortigen heimischen Produzenten: Durch die Aufwertung der D-Mark werden deutsche Waren am französischen Gütermarkt im Vergleich zu französischen Waren teurer. Das beeinträchtigt die preisliche Wettbewerbsfähigkeit deutscher Produzenten in Frankreich gegenüber französischen Anbietern.
– an dritten Märkten gegenüber ausländischen Konkurrenten: Durch die Aufwertung der D-Mark werden deutsche Produkte im Vergleich zu französischen Waren an dritten Märkten, zum Beispiel in Amerika, teurer. Somit büßen deutsche Anbieter in Amerika gegenüber französischen Anbietern an Wettbewerbsfähigkeit ein.
– am Inlandsmarkt gegenüber ausländischen Konkurrenten: Durch die Aufwertung der D-Mark werden französische Waren am deutschen Gütermarkt im Vergleich zu deutschen Waren billiger. Das beeinträchtigt in Deutschland die preisliche Wettbewerbsfähigkeit deutscher Produzenten gegenüber dem Konkurrenzangebot aus Frankreich.

Das Gewicht, mit dem ein Wechselkurs bei der Berechnung eines allgemeinen Indikators für den Außenwert der D-Mark zu berücksichtigen ist, muß diesen Ebenen der Wettbewerbsfähigkeit Rechnung tragen. Ein hohes Gewicht muß die Währung eines Landes erhalten, in das Deutschland einen großen Teil seiner Ausfuhr liefert, mit dessen Produzenten deutsche Unternehmen an Drittmärkten in starkem Wettbewerb stehen und aus dem Deutschland einen großen Teil seiner Einfuhrwaren bezieht. Dagegen wird eine Währung ein geringes Gewicht erhalten, wenn Deutschland in das betreffende Land wenig Güter liefert, mit Anbietern aus diesen Ländern an Drittmärkten nur in geringem Wettbewerb steht und von diesem Land auch nur in geringem Umfang Güter bezieht. Auf diese Weise erhalten die einzelnen Währungen bei der Berechnung des Außenwertes der D-Mark Gewichte, die ihre Bedeutung für den deutschen Außenhandel ausdrücken.

In ihre Berechnungen des Außenwertes bezieht die Deutsche Bundesbank (Stand: 1992) die Währungen von 18 Ländern (11 EG-Länder; 5 Efta-Länder ohne Island; Japan, Kanada, USA) ein, die zusammen 80 Prozent des deutschen Außenhandelsumsatzes mit Industriewaren erreichen. Für die Berechnung der Gewichte wird die Außenhandelsstruktur der Jahre 1984 bis 1986 als Referenzzeitraum zugrunde gelegt. Die höchsten Gewichte haben die Währungen der Vereinigten Staaten von Amerika (14,2 v. H.), von Frankreich (14,0 v. H.), Italien (11,8 v. H.), Japan (10,8 v. H.) und Großbritannien (10,0 v. H.). Der Außenwert wird als Index berechnet. Ein Jahr (derzeit: 1972) wird als Basisjahr verwendet; der Index für dieses Jahr wird auf 100 gesetzt. Die Indexwerte für die folgenden Jahre lassen erkennen, wie sich der Außenwert verändert.

In alle Berechnungen für die Veränderungen des Index für den Außenwert gehen nur Änderungen der Wechselkurse der beteiligten Währungen ein. Das Ergebnis ist der ›nominale‹ Außenwert; er unterscheidet sich von dem später anzusprechenden ›realen‹ Außenwert, bei dem auch Preisänderungen in den beteiligten Ländern berücksichtigt werden. Einige Ergebnisse der Berechnungen des nominalen Außenwertes sind in Abbildung 9 wiedergegeben.

Die D-Mark gehört zu den Währungen, deren Außenwert sich in den siebziger und achtziger Jahren kräftig erhöht hat, und zwar von 1972 bis 1992 um nicht weniger als 89 v. H. Beachtliche Wertverluste mußten das Pfund Sterling (um 40 v. H.) und die Italienische Lira (um 65 v. H.) hinnehmen. Der Außenwert des US-Dollar ging ebenfalls zurück (um 25 v. H.). Nimmt man die Entwicklung des Außenwertes als Indikator für ›starke‹

und ›schwache‹ Währungen, so läßt sich die D-Mark in das Lager der starken Währungen einreihen.

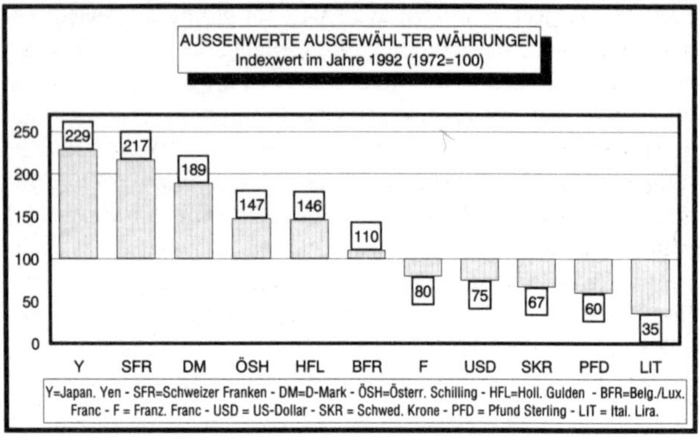

Abbildung 9: Außenwerte ausgewählter Währungen

3. Bestimmungsgründe des Wechselkurses

3.1 Der Devisenmarkt

Wenn wir Ursachen von Wechselkursänderungen aufspüren wollen, müssen wir den Markt analysieren, an dem sich der Wechselkurs bildet; denn der Wechselkurs ist ein Preis, und Preise bilden sich an Märkten durch das Zusammenspiel von Angebot und Nachfrage. In unserem Fall geht es um den Markt, an dem ausländisches Geld (›Devisen‹) gehandelt wird, also um den Devisenmarkt. Der Einfachheit halber sollen nur zwei Währungen betrachtet werden: die D-Mark als inländische Währung und der Dollar als ausländische Währung.

Am Devisenmarkt werden von denjenigen Dollar nachgefragt (und im Tausch dafür D-Mark angeboten), die zur Finanzierung ihrer grenzüberschreitenden Transaktionen Dollar benötigen (vgl. zum Folgenden Abbildung 8, unterer Teil). Das sind deutsche Importeure von ausländischen Gütern. Wer Güter aus den USA importieren will, muß sich zunächst Dollar beschaffen, um die amerikanischen Güter in Dollar bezahlen zu können. Dann gibt es Finanzanleger. Will ein deutscher Anleger amerikanische Wertpapiere erwerben, so benötigt er Dollar, denn er muß die amerikanischen Wertpapiere in Dollar bezahlen. Den Erwerb ausländischer Wertpapiere durch Inländer nennt man ›Kapitalexport‹. Zusammengefaßt: Die Nachfrage nach Devisen (in unserem Fall: Dollar) ist gleich der Summe aus Güterimport und Kapitalexport.

Devisen werden von denjenigen angeboten (und im Tausch dafür wird D-Mark nachgefragt), denen bei ihren wirtschaftlichen Transaktionen Dollar zugeflossen sind, die sie aber nicht behalten, sondern in D-Mark umtauschen wollen. Das sind deutsche Exporteure von Gütern. Sie haben beim Absatz ihrer Produkte im Ausland Dollar erhalten und wollen diese nun am Devisenmarkt gegen D-Mark eintauschen. Dann gibt es Inländer, die sich im Ausland verschuldet haben, also einen Dollarkredit in Amerika aufgenommen haben. Sie werden die Dollar im allgemeinen ebenfalls gegen D-Mark eintauschen. Die Kreditaufnahme von Inländern im Ausland nennt man ›Kapitalimport‹. Zusammengefaßt: Das Angebot an Devisen (in unserem Fall: Dollar) ist gleich der Summe aus Güterexport und Kapitalimport.

Am Devisenmarkt treffen das Angebot von und die Nachfrage nach Devisen zusammen. Die Devisenanbieter wollen Dollar gegen D-Mark abgeben, die Devisennachfrager wollen Dollar gegen D-Mark erwerben. Sie müssen sich über den Wechselkurs einigen, zu dem sie diesen Tausch vornehmen wollen. Gibt es zum bisher herrschenden Wechselkurs ein Überangebot an Devisen, werden also mehr Dollar angeboten als nachgefragt, so wird der Wechselkurs fallen: Das Überangebot drückt den Preis. Liegt dagegen eine Übernachfrage nach Dollar vor, dann ist der Dollar knapp, und der Wechselkurs wird steigen. Die Übernachfrage treibt den Preis nach oben. Am Ende wird sich ein Wechselkurs herausbilden, bei dem sich Dollarangebot und Dollarnachfrage entsprechen. Es gibt dann weder ein Überangebot noch eine Übernachfrage, die den Wechselkurs beeinflussen könnten.

Nach dieser Klärung ist schon einmal folgendes klar: Eine Aufwertung der D-Mark gegenüber dem Dollar findet dann statt, wenn am Devisenmarkt ein Überangebot an Dollar vorliegt, sei es weil die Devisennachfrage gesunken ist, sei es weil das Devisenangebot gestiegen ist. Wir brauchen jetzt nur noch zu fragen, was derartige Veränderungen des Devisenangebots und der Devisennachfrage auslösen kann. Sechs Einflußfaktoren sind hervorzuheben (vgl. Abbildung 8, unterer Teil):

– Inflationsgefälle: Kommt es zu verringerten Preissteigerungen (oder gar Preissenkungen) in Deutschland oder zu beschleunigten Preissteigerungen in den Vereinigten Staaten, so werden deutsche Produkte im Vergleich zu amerikanischen billiger. Das bewirkt eine Umlenkung der Handelsströme, nämlich mehr Güterexporte von Deutschland in die USA und weniger Güterimporte nach Deutschland aus den Vereinigten Staaten. Mit den erhöhten Güterexporten steigt das Devisenangebot, mit den verringerten Güterimporten sinkt die Devisennachfrage. Das entstehende Überangebot an Devisen drückt den Wechselkurs des Dollar. Die D-Mark wertet auf.

– Wachstumsgefälle: Ein abgeschwächtes Einkommenswachstum in Deutschland bei verstärkter Einkommensexpansion in den Vereinigten Staaten wirkt sich ebenfalls auf die Handelsströme aus. In Verbindung mit der abgeschwächten Einkommensexpansion in Deutschland reduzieren sich die deutschen Güterimporte aus den USA (und damit sinkt die Devisennachfrage). Wegen der starken Einkommensexpansion in den USA ziehen die deutschen Exporte nach Amerika kräftig an (und damit steigt das Devisenangebot). Es kommt wiederum zu einem Überangebot an Devisen, so daß der Wechselkurs des Dollar sinkt.

– Verbraucherpräferenz: Wenn deutsche Produkte in der Wertschätzung der deutschen und amerikanischen Verbraucher zunehmen (vielleicht weil sie innovativer sind oder sich qualitativ verbessern), werden es deutsche Exporteure im Wettbewerb leichter haben, während amerikanische Produkte weniger erworben werden. Güterexporte (und Devisenangebot) steigen, Güterimporte (und Devisennachfrage) sinken.

– Zinsen: Steigen in Deutschland die Zinsen, während sie in den USA sinken, wird es für deutsche Anleger unattraktiv, amerikanische Wertpapiere zu erwerben (Kapitalexport sinkt). Hingegen wird für deutsche Kreditnehmer die Kreditaufnahme in den USA günstiger und daher verstärkt (Kapitalimport nimmt zu). Es entsteht ein Überangebot an Devisen, der Wechselkurs sinkt.

– Spekulation: Wenn plötzlich Aufwertungserwartungen für die D-Mark entstehen, werden die Finanzanleger reagieren. Um von den erwarteten Wechselkursgewinnen der D-Mark zu profitieren, verzichten sie auf den Erwerb amerikanischer Wertpapiere (Kapitalexport sinkt). Die Kreditaufnahme in den USA durch Deutsche wird hingegen stark zunehmen (Kapitalimport steigt), weil die Kreditnehmer darauf hoffen, daß ihre Dollarschuld durch die Dollarabwertung entwertet wird. Das entstehende Überangebot an Dollar drückt den Wechselkurs des Dollar.

– Standortbedingungen: Zum Kapitalverkehr gehören auch Direktinvestitionen inländischer Unternehmen im Ausland. Nimmt aus der Sicht internationaler Investoren die Standortqualität von Deutschland in Relation zu der Amerikas zu, werden sich mehr Investoren zu Engagements in Deutschland entschließen und umgekehrt weniger deutsche Investoren ins Ausland gehen. Kapitalexporte (und damit die Devisennachfrage) sinken, Kapitalimporte (und damit das Devisenangebot) steigen.

Die ersten drei Einflußfaktoren (Inflationsgefälle, Wachstumsgefälle, Verbraucherpräferenzen) wirken über den Güterverkehr, die anderen drei Faktoren (Zinsen, Spekulation, Standortbedingungen) über den Kapitalverkehr auf den Wechselkurs. Es ist also ein ganzes Bündel von Ursachen, welches zu einer Aufwertung und damit zu einem Anstieg im Außenwert einer Währung führen kann. Zumeist sind es positiv einzuschätzende Entwicklungen. Aufwertungsverdächtig sind Länder mit unterdurchschnittlicher Inflation, steigender Wettbewerbsfähigkeit seiner Produkte und attraktiven Standortbedingungen. Freilich kann auch eine durchaus unerfreuliche Entwicklung, wie eine schwache Wachstumsrate der Einkommen, Aufwertungstendenzen, wenigstens vorübergehend, verstärken. Doch durchschlagend für die Aufwertung sind auf längere Sicht eher die positiven Entwicklungen.

Hiermit wird nun auch klar, warum der Außenwert einer Währung häufig mit der Reputation der Volkswirtschaft in Verbindung gebracht wird. Eine starke Währung, die ihren Außenwert halten oder steigern kann, gehört zu einer Volkswirtschaft, die im internationalen Vergleich gute Leistungsdaten aufweist: geringe Inflation, innovative, konkurrenzfähige Produkte, gute Standortbedingungen.

3.2 Die Kaufkraftparitätentheorie

Die Ausführungen zum Devisenmarkt haben gezeigt, daß eine Vielzahl von Einflußfaktoren auf den Wechselkurs wirken. Es ist vieles möglich – aber welche Einflüsse sind auf die Dauer die wichtigsten? Eine prägnante Antwort auf diese Fragen bietet die Kaufkraftparitätentheorie des Wechselkurses. Die Kaufkraftparitätentheorie stützt sich auf den Zusammenhang zwischen der inländischen und ausländischen Preisentwicklung, den Güterströmen (Ausfuhr und Einfuhr) und dem Wechselkurs. In ihrer Grundversion lautet die zentrale These: Der Wechselkurs (die ›Parität‹) entspricht dem Verhältnis der Preisniveaus (›Kaufkraft‹) der beteiligten Währungen, also:

$$\text{Wechselkurs des Dollar} = \frac{\text{Preisniveau in Deutschland}}{\text{Preisniveau in den USA}}.$$

Hierin wird der Wechselkurs in D-Mark je Dollar (2 DM/Dollar), das deutsche Preisniveau in D-Mark (400 DM) und das amerikanische Preisniveau in Dollar (200 Dollar) gemessen. Geht das Preisniveau in Deutschland im Vergleich zu dem in den Vereinigten Staaten zurück, so sinkt der Wechselkurs, d. h., die D-Mark wertet auf. Für die Änderungsrate des Wechselkurses gilt (näherungsweise):

Prozentuale Veränderung des Wechselkurses des Dollar gegenüber der D-Mark	=	Inflationsrate in Deutschland (in Prozent)	minus	Inflationsrate in den USA (in Prozent).

Die treibende Kraft, welche die Übereinstimmung des Wechselkurses mit der Preisrelation herstellt, ist die Güterarbitrage internationaler Händler. Händler nutzen Preisunterschiede, die für ein Gut an verschiedenen Orten bestehen, aus: Sie kaufen Güter dort ein, wo sie billig sind, und verkaufen sie dort, wo sie teuer sind. Dies nennt man Güterarbitrage. Ein Beispiel: Ein bestimmtes Güterbündel koste in Deutschland 400 DM und in den USA 200 Dollar. Zunächst sei der Wechselkurs 1 DM/Dollar. Bei diesem Wechselkurs lohnt sich die Güterarbitrage sehr. Die Händler werden in den USA Güter aufkaufen und dafür umgerechnet 200 DM (200 Dollar · 1 DM/Dollar) bezahlen. In Deutschland können sie diese Güter für 400 DM verkaufen,

Gewinn: 100 Prozent. Bei dieser Konstellation würden sehr viele Händler aktiv werden und amerikanische Güter nach Deutschland liefern. Dies würde alsbald den Wechselkurs verändern. Bei der unterstellten Preiskonstellation würde nämlich der Güterimport von Deutschland aus den USA beträchtlich anschwellen. Die Importeure müßten sich aber zunächst Devisen (Dollar) beschaffen, um die Güter in den USA kaufen zu können. Folglich steigt die Devisennachfrage, und am Devisenmarkt entsteht eine Übernachfrage nach Dollar. Das treibt den Wechselkurs des Dollar nach oben. Wenn er schließlich bei dem Wert 2,00 DM/Dollar angelangt ist, wird er zur Ruhe kommen. Bei diesem Kurs tritt nämlich der Preisausgleich ein. Amerikanische Produkte kosten jetzt mit 400 DM (200 Dollar · 2,00 DM) genausoviel wie deutsche Produkte. Damit entfällt der Anreiz für weitere Importsteigerungen. Der Mechanismus der Güterarbitrage sorgt also dafür, daß sich der Wechselkurs auf das Verhältnis der inländischen Preise zu den ausländischen Preisen einspielt.

Nicht umsonst haben wir das als die ›Grundversion‹ der Kaufkraftparitätentheorie bezeichnet. In der Realität sind einige Aspekte zu berücksichtigen, die die Rechnung der Kaufkraftparitätentheorie nicht ganz so einfach aufgehen lassen. Erstens dürfen bei der Berechnung der Preisniveaus nicht die Preise aller inländischen und ausländischen Güter einbezogen werden, sondern nur die Preise der international gehandelten Güter (also der jeweiligen Ausfuhrgüter). Nur die Ausfuhrgüter stehen überhaupt an den Weltmarkten in einer Konkurrenz zueinander, und nur ihre Preise können daher das Wechselkursgeschehen beeinflussen. Nicht einzubeziehen sind ›lokale‹ Güter, also Güter, die in einem Land ausschließlich für den lokalen Markt produziert werden. Sie spielen für die Wechselkursbildung keine Rolle. Zweitens ist der Vergleich inländischer und ausländischer (Ausfuhr-)Güter nicht unproblematisch, weil es sich nicht um die gleichen Güter handelt. Preisverschiebungen zwischen inländischen und ausländischen (Ausfuhr-)Gütern mögen auf Qualitätsveränderungen zurückzuführen sein; sie wirken dann nicht auf den Wechselkurs. Drittens schließlich wird es einen vollständigen Preisausgleich zwischen inländischen und ausländischen (international gehandelten) Gütern durch Arbitrage praktisch schon deswegen nicht geben, weil die

Güterarbitrage Transportkosten verursacht. Es ist ja nicht ganz billig, Güter zwischen verschiedenen Orten hin und her zu transportieren. In Höhe der Transportkosten können die Preise gleicher Güter an verschiedenen Orten abweichen.

Diese Einwände richten sich gegen eine sehr strikte Anwendung der Kaufkraftparitätentheorie. In einer moderaten Interpretation liefert sie jedoch durchaus brauchbare Anhaltspunkte für die Wechselkursentwicklung. Das kann man sagen: Die Währung eines Landes, dessen Inflationsrate dauerhaft über der anderer Länder liegt, wird auf die Dauer unter Abwertungsdruck geraten. Ein Land mit einer im internationalen Vergleich unterdurchschnittlichen Inflationsrate wird dagegen eine tendenziell aufwertende Währung haben.

Belege hierfür liefert das Beispiel der D-Mark. Wir greifen auf Berechnungen der Deutschen Bundesbank für den ›realen‹ Außenwert der D-Mark zurück. Hierfür werden zwei Informationen benötigt: der nominale Außenwert der D-Mark und das Preisgefälle zum Ausland. Der nominale Außenwert der D-Mark ist in Abschnitt 2 dieses Kapitels bereits angesprochen worden. Zur Erinnerung: Der Anstieg des nominalen Außenwertes der D-Mark bringt zum Ausdruck, daß sich die D-Mark gegenüber den Währungen der wichtigsten Konkurrenzländer (jeweils gewichtet mit ihrer Bedeutung für den deutschen Außenhandel) tendenziell aufgewertet hat. Das Preisgefälle erfaßt das Verhältnis der Preise in Deutschland zu denen in den anderen Industrieländern. Ein Absinken des Preisgefälles bedeutet, daß die Preise im Ausland schneller steigen als in Deutschland. Aus dem nominalen Außenwert und dem Preisgefälle läßt sich nun der reale Außenwert der D-Mark wie folgt berechnen:

$$\text{Realer Außenwert der D-Mark} = \text{Nominaler Außenwert der D-Mark} \cdot \frac{\text{Preisniveau in Deutschland}}{\text{Preisniveau im Ausland}}.$$

Für den nominalen Außenwert sowie für die Entwicklungen der Preisniveaus werden Indexreihen zugrunde gelegt (mit dem Basisjahr von derzeit 1972). Somit erhält man für den realen Außenwert einen Index, der im Basisjahr 1972 auf den Wert 100 gesetzt ist. Aus den Indexwerten der folgenden Jahre kann auf die Entwicklung des realen Außenwertes geschlossen werden.

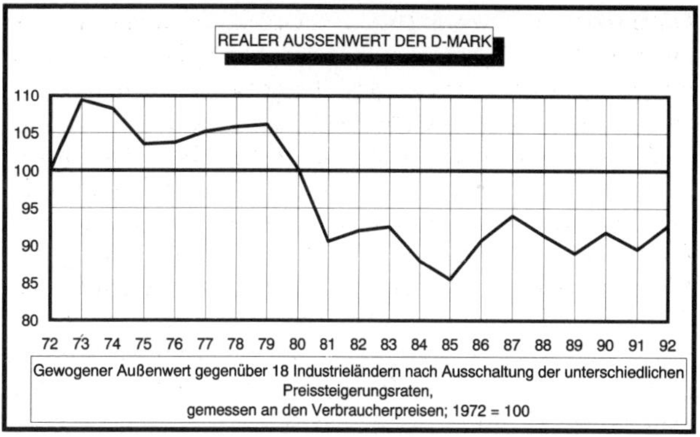

Abbildung 10: Realer Außenwert der D-Mark

Jetzt läßt sich der Test auf die Kaufkraftparitätentheorie machen. Danach reflektiert die Entwicklung der Wechselkurse (und damit des nominalen Außenwertes) gerade die Veränderungen des Preisgefälles zum Ausland. Wenn das Preisgefälle (deutsche Preise in Relation zu ausländischen Preisen) um 5 Prozent sinkt, müßte der (durchschnittliche) Wechselkurs der D-Mark um eben diese 5 Prozent sinken und folglich der nominale Außenwert um diese 5 Prozent steigen. In der Formel für den realen Außenwert würden also der nominale Außenwert um 5 Prozent steigen und gleichzeitig das Preisgefälle mit dieser Rate sinken. Bei steigendem nominalen Außenwert und sinkendem Preisgefälle bliebe der reale Außenwert unverändert.

Abbildung 10 zeigt, daß dies in der Praxis nicht der Fall war. Nach der Kaufkraftparitätentheorie müßte der reale Außenwert in jedem Jahr den gleichen Indexwert (nämlich 100) gehabt haben. Das war nicht der Fall. Allerdings lassen sich zwei Phasen beobachten, in denen der reale Außenwert – wenn auch unter gewissen Schwankungen – auf einem vergleichsweise konstanten Niveau gelegen hat: bis Ende der siebziger Jahre um den Indexwert von 105 und in der Phase 1981 bis 1992 auf einem Indexniveau von 90. Kurzfristig (von Jahr zu Jahr) trifft also die Kaufkraftparitätentheorie nicht zu. Auf längere Sicht (ein Jahrzehnt) geht die Wechselkursentwicklung aber mit der Entwicklung des Preisgefälles konform.

3.3 Die Zinsparitätentheorie

Die Kaufkraftparitätentheorie greift für die Wechselkurserklärung allein auf Güterpreise und den internationalen Güteraustausch zurück. Nun weiß inzwischen jeder, daß der Güterverkehr längst vom internationalen Kapitalverkehr überflügelt worden ist. Was tagtäglich an Geld, Wertpapieren, Krediten, Devisen – also kurz: im internationalen Kapitalverkehr – rund um den Globus gehandelt wird, erreicht mehrstellige Milliardenbeträge; der internationale Güterverkehr nimmt sich demgegenüber bescheiden aus. Bei dieser Dominanz muß der Kapitalverkehr doch auf die Wechselkurse wirken. Das ist in der Tat der Fall, wie die nun zu behandelnde Zinsparitätentheorie zeigt. Nur: die Zinsparitätentheorie verdrängt die Kaufkraftparitätentheorie nicht etwa, vielmehr ergänzen sich beide.

Der internationale Kapitalverkehr wird von Renditeüberlegungen geprägt. Greifen wir den Fall eines internationalen Anlegers auf, der überlegt, ob er einen bestimmten Geldbetrag in Deutschland anlegen soll oder in den USA. In Deutschland erhält er den deutschen Zins, in den USA den amerikanischen. Der bloße Zinsvergleich reicht freilich für die Anlageentscheidung nicht aus. Es müssen auch Wechselkursänderungen berücksichtigt werden. Wenn der Anleger nämlich amerikanische Forderungstitel erwerben will, muß er sich erst einmal die Dollar, mit denen er die amerikanischen Titel kaufen will, zum heutigen Wechselkurs gegen D-Mark beschaffen. Nach einem Jahr, d. h., wenn die Anlagefrist abgelaufen ist, bekommt der Anleger den aufgewendeten Dollarbetrag nebst Zinsen in Dollar zurück. Diesen Dollarbetrag kann er dann wieder in D-Mark zurücktauschen. Aber der Wechselkurs kann in einem Jahr ganz woanders liegen als heute. Folglich muß der Anleger mögliche Wechselkursänderungen berücksichtigen. Welche Wechselkursänderung eintreten wird, weiß niemand. Hier können die Akteure im internationalen Kapitalverkehr nur ihre Erwartungen zugrunde legen. Der Gesamtertrag der US-Anlage aus der Sicht des deutschen Anlegers ist also die Summe aus dem amerikanischen Zins plus der erwarteten Wechselkursänderungsrate des US-Dollar. Bei Inlandsanlagen spielt der Wechselkurs naturgemäß keine Rolle; der Gesamtertrag der Inlandsanlage ist nichts anderes als der inländische Zins.

Der internationale Kapitalverkehr wird nun – so die These der Zinsparitätentheorie – dazu führen, daß sich die Ertragsraten von Inlandsanlagen und von Auslandsanlagen angleichen:

Inländischer Zins (in Prozent)	=	ausländischer Zins (in Prozent)	plus	erwartete Wechselkursänderungsrate (in Prozent)

Treibende Kraft hinter dieser Gleichung ist die Zinsarbitrage; die Gleichung selbst beschreibt ein Zinsarbitragegleichgewicht. An einem Beispiel lassen sich die wesentlichen Merkmale aufzeigen.

Unterstellen wir eine Ausgangssituation mit einem deutschen Zins von 6%, einem amerikanischen Zins von 5% und einer erwarteten Aufwertung des Dollar um 3 v. H.. In dieser Situation ist die US-Anlage mit einem Gesamtertrag von 8% deutlich attraktiver als die deutsche Anlage (6%). Der Renditevorsprung der US-Anlage würde einen sofortigen Kapitalabstrom von Deutschland in die USA auslösen. Diesen Vorgang – die Kapitalverlagerung zum Ort der höchsten Rendite – nennt man Zinsarbitrage.

Die Arbitrage hat Folgen. Durch den Kapitalabstrom wird in Deutschland Kapital knapper, mit der Folge eines Zinsanstiegs in Deutschland (z. B. von 6% auf 7%). Der Kapitalzustrom in den USA macht dort umgekehrt Kapital reichlicher mit der Folge einer Zinssenkung (z. B. von 5% auf 4%). Der Kapitalabstrom kommt zu einem Abschluß, und die Zinssatzveränderungen hören auf, wenn das Zinsarbitragegleichgewicht erreicht ist, also inländische Anlagen wieder die gleiche Rendite erzielen wie Auslandsanlagen. Das ist jetzt der Fall, denn der Rendite für deutsche Anlagen in Höhe von 7% entspricht eine gleich hohe Rendite für die Auslandsanlage (4% + 3%). Weitere Kapitalverlagerung von Deutschland in die USA lohnen sich nun nicht mehr.

In der Zinsarbitragegleichung taucht die erwartete Wechselkursänderungsrate auf. Wie kann man künftige Wechselkursänderungen vorausschätzen? Das wüßten viele gerne. Es ist ein ganz schwieriges Thema. Bei der Schilderung des Devisenmarktes zeigte sich ja, daß eine ganze Fülle von Einflußfaktoren auf den Wechselkurs wirkt. Wollte man eine solide Wechselkursprognose abgeben, müßte man Vorstellungen über die künftige

Entwicklung aller dieser Einflußfaktoren haben. Dies käme einem Stochern im Nebel gleich, zumal man nicht weiß, welche relative Bedeutung diese Einflußfaktoren konkret haben werden.

In der Not kann auf die Kaufkraftparitätentheorie zurückgegriffen werden. Nach dieser Theorie entspricht die Änderungsrate des Wechselkurses der Differenz zwischen den Preissteigerungsraten im Inland und im Ausland. Will man beispielsweise die prozentuale Änderungsrate des Wechselkurses des Dollar prognostizieren, muß man die erwarteten Inflationsraten in Deutschland und in den USA vergleichen.

Erwartete Wechselkursänderungsrate (in Prozent)	=	erwartete Inflationsrate im Inland (in Prozent)	minus	erwartete Inflationsrate im Ausland (in Prozent)

Erwartet man für Deutschland eine Preissteigerungsrate von 4 Prozent, für die USA aber nur eine von 3 v. H., resultiert daraus gemäß der Kaufkraftparitätentheorie eine erwartete Änderungsrate des Wechselkurses von 1 v. H.. Um diesen Wert wird der Dollar – so die Erwartung – aufwerten (und die D-Mark abwerten).

Verbinden wir diese Prognose mit dem Zinsarbitragegleichgewicht, so erhalten wir:

Inlandszins (in Prozent)	minus	Auslandszins (in Prozent)	=	inländische Inflationsrate (in Prozent)	minus	ausländische Inflationsrate (in Prozent)

Hier greifen Kaufkraftparitätentheorie und Zinsparitätentheorie ineinander. Die Kaufkraftparitätentheorie sagt, daß die (erwartete) Wechselkursänderungsrate der (erwarteten) Inflationsdifferenz entspricht. Und die Zinsparitätentheorie sagt, daß die (erwartete) Inflationsdifferenz der Zinsdifferenz zwischen Inland und Ausland entspricht.

Spätestens an dieser Stelle sollten Zweifel aufkommen. So einfach sollen Wechselkursprognosen sein? Wenn man bedenkt, daß Banken ganze Abteilungen hochkarätiger Fachleute mit Wechselkursprognosen beschäftigen, die – wie die Erfahrung lehrt – mit ihren Prognosen häufig genug danebenliegen, dann muß die Wirklichkeit viel komplexer sein. Und sie ist es auch. Zum einen ist auf die bereits angesprochenen Grenzen der Kaufkraftparitätentheorie zu verweisen. Die Kaufkraftparitätentheorie gilt nur (allenfalls) langfristig. Auf kurze Sicht – von

Jahr zu Jahr, so hieß es – spiegelt die Wechselkursentwicklung nicht oder nicht verläßlich die Inflationsdifferenz wider. Für Kurzfristprognosen müssen die Analytiker eben auch die anderen möglichen Einflüsse auf den Wechselkurs mitbedenken.

Zum anderen vereinfacht die Zinsarbitragegleichung das Anlegerproblem sehr. Wenn ein deutscher Anleger bei einer Anlage in Deutschland wie bei einer US-Anlage 7% Rendite erzielen kann, so sind beide Anlagen dennoch nicht gleichwertig. Während die Inlandsrendite nur aus einer sicheren Zinskomponente besteht, setzt sich die US-Rendite aus einer sicheren Zinskomponente (4%) und einer *erwarteten* Dollar-Aufwertungsrate (3%) zusammen. Aber über die Dollaraufwertung bestehen nur Erwartungen, und da kann man sich bekanntlich irren. Folglich geht der Anleger bei einer US-Anlage ein Wechselkursrisiko ein. Das Risiko besteht darin, daß sich im Anlagezeitraum tatsächlich eine andere als die erwartete Wechselkursänderungsrate einstellt. Dieses Risiko besteht bei der Inlandsanlage nicht. Folglich wird der Anleger bei einer Auslandsanlage eine Risikoprämie fordern. Die Auslandsanlage muß einen höheren Ertrag abwerfen als die Inlandsanlage, gleichsam als Belohnung dafür, daß der Anleger das Wechselkursrisiko bei einer Auslandsanlage eingeht. Wie hoch diese Risikoprämie sein wird, hängt von der Einschätzung der Risiken und der Bereitschaft der Anleger, überhaupt Risiken einzugehen, ab. Die Höhe der Risikoprämie kann schwanken, und das unterbricht den Zusammenhang zwischen der Zinsdifferenz und der Inflationsdifferenz.

Alles in allem lassen sich die Kaufkraftparitätentheorie und die Zinsparitätentheorie weder für sich noch zusammen uneingeschränkt für die Wechselkursprognose anwenden. Insbesondere auf kürzere Sicht sind die Wechselkursbewegungen von anderen Einflüssen überlagert. Aber das schmälert nicht die grundsätzliche Bedeutung dieser Theorien. Denn ihre zwei wichtigsten Implikationen lassen sich – auf längere Sicht wenigstens – bestätigen: Länder mit im internationalen Vergleich überdurchschnittlichen Inflationsraten werden ihre Währungen tendenziell abwerten müssen (Kaufkraftparitätentheorie), und dies wird mit überdurchschnittlich hohen Zinsen verbunden sein (Zinsparitätentheorie).

V. Kapitel: Die Geldordnung

1. Das staatliche Geldmonopol

Die Geldwirtschaft kann nur dann gut funktionieren, wenn die Menschen Vertrauen in die Stabilität der Geldordnung haben. Vertrauen setzt geeignete institutionelle Regelungen voraus. Ein staatliches Geldmonopol ist einer rein wettbewerblichen Geldschaffung vorzuziehen; die Verpflichtung der Zentralbank auf das Ziel der Geldwertstabilität ist einer umfassenderen Zielvorgabe für die Geldpolitik überlegen; die Unabhängigkeit der Notenbank von staatlichen Weisungen ist besser als die Weisungsgebundenheit; Inflationsschutz durch eine stabilitätsgerechte Geldversorgung ist sinnvoller als Inflationsschutz durch Indexierung. Von diesen institutionellen Regelungen handelt dieses Kapitel.

Wettbewerb ist die Grundlage der Markwirtschaft. Unternehmen konkurrieren an den Märkten mit ihren Produkten gegeneinander, und die Besten setzen sich durch. Um so mehr mag es überraschen, daß der Wettbewerb im monetären Sektor der Volkswirtschaft in einem zentralen Punkt ausgeschaltet ist: bei der Bereitstellung von Bargeld. Hier gibt es ein Monopol, und noch dazu ein staatliches. Das Recht, Banknoten zu drukken und Münzen zu prägen und in Umlauf zu bringen, hat allein der Staat. Eine wettbewerbliche Lösung würde demgegenüber den einzelnen Geschäftsbanken das Recht zur Notenausgabe und Münzprägung einräumen. Jede Bank könnte dann ihr eigenes Bargeld herstellen und in Konkurrenz zu dem anderer Banken in Umlauf bringen. Das staatliche Bargeldmonopol ist heute so selbstverständlich, daß sich kaum noch jemand eine andere Lösung vorstellen kann. In die Abwägung zwischen einer Monopollösung und einer wettbewerblichen Variante sind verschiedene Aspekte einzubeziehen: die Rolle der Banknoten als gesetzliches Zahlungsmittel, die Verteilung des Gewinns aus der Bargeldschaffung und – vor allem – die Sicherung des Vertrauens in die Stabilität der Währung.

(a) Geldmonopol und gesetzliche Zahlungsmittel: Für die Monopollösung spricht, daß Banknoten und – eingeschränkt

– Münzen gesetzliche Zahlungsmittel darstellen (vgl. § 1 Währungsgesetz und §§ 1 ff Münzgesetz im Kasten ›Regelungen zur Geldordnung‹). Wer einen Kredit zurückzahlen will, kann das immer unter Verwendung des gesetzlichen Zahlungsmittels tun; der Gläubiger kann nicht Zahlung in etwas anderem verlangen. Wer einen Kredit vergibt, kann auf Rückzahlung in dem gesetzlichen Zahlungsmittel bestehen; der Schuldner darf nicht ohne Einwilligung des Gläubigers mit etwas anderem bezahlen. Was der Staat zum gesetzlichen Zahlungsmittel erklärt, unterliegt seiner besonderen Verantwortung. Er muß für die Qualität dieses gesetzlichen Zahlungsmittels einstehen. Das kann er am besten, wenn er die Notenausgabe und die Münzemission in eigener Verantwortung behält.

Regelungen zur Geldordnung

Währungsgesetz vom 20. Juni 1948

§ 1 DM-Währung
(1) Mit Wirkung vom 21. Juni 1948 gilt die Deutsche-Mark Währung. Ihre Rechnungseinheit bildet die Deutsche Mark, die in hundert Deutsche Pfennig eingeteilt ist.
(2) Alleinige gesetzliche Zahlungsmittel sind vom 21. Juni 1948 an:

1. die auf Deutsche Mark oder Pfennig lautenden Noten, die von der Bank deutscher Länder ausgegeben werden, ...

§ 3 Geldschulden
Geldschulden dürfen nur mit Genehmigung der für die Erteilung von Devisengenehmigungen zuständigen Stellen in einer anderen Währung als in Deutscher Mark eingegangen werden. Das gleiche gilt für Geldschulden, deren Betrag in Deutscher Mark durch den Kurs einer solchen anderen Währung oder durch den Preis oder eine Menge von Feingold oder von anderen Gütern oder Leistungen bestimmt werden soll.

Münzgesetz vom 8. Juli 1950

§ 1
Als Bundesmünzen sollen Scheidemünzen über 1, 2, 5, 10 und 50 Deutsche Pfennige (Pf) sowie über 1, 2 und 5 Deutsche Mark (DM) ausgeprägt werden. Scheidemünzen über 10 Deutsche Mark können ausgeprägt werden.

§ 2
Die nach § 1 auszuprägenden Scheidemünzen sind nach Maßgabe des § 3 gesetzliche Zahlungsmittel:

§ 3
(1) Niemand ist verpflichtet, auf Deutsche Mark lautende Münzen im Betrag von mehr als 20 Deutsche Mark und auf Pfennig lautende Münzen im Betrag von mehr als 5 Deutsche Mark in Zahlung zu nehmen. ...

Regelungen zur Geldordnung

Bundesbank-Gesetz vom 26. Juli 1957

§ 1 Errichtung der Deutschen Bundesbank

Die Landeszentralbanken und die Berliner Zentralbank werden mit der Bank deutscher Länder verschmolzen. Die Bank deutscher Länder wird Deutsche Bundesbank.

§ 3 Aufgabe

Die Deutsche Bundesbank regelt mit Hilfe der währungspolitischen Befugnisse, die ihr nach diesem Gesetz zustehen, den Geldumlauf und die Kreditversorgung der Wirtschaft mit dem Ziel, die Währung zu sichern, und sorgt für die bankmäßige Abwicklung des Zahlungsverkehrs im Inland und mit dem Ausland.

§ 12 Verhältnis der Bank zur Bundesregierung

Die Deutsche Bundesbank ist verpflichtet, unter Wahrung ihrer Aufgabe die allgemeine Wirtschaftspolitik der Bundesregierung zu unterstützen. Sie ist bei der Ausübung der Befugnisse, die ihr nach diesem Gesetz zustehen, von Weisungen der Bundesregierung unabhängig.

§ 14 Notenausgabe

(1) Die Deutsche Bundesbank hat das ausschließliche Recht, Banknoten im Geltungsbereich dieses Gesetzes auszugeben. Ihre Noten lauten auf Deutsche Mark. Sie sind das einzige unbeschränkte gesetzliche Zahlungsmittel. ...

§ 20 Geschäfte mit öffentlichen Verwaltungen

(1) Die Deutsche Bundesbank darf mit öffentlichen Verwaltungen folgende Geschäfte betreiben:

1. dem Bund ... sowie den Ländern kurzfristige Kredite in Form von Buch- und Schatzwechselkrediten (Kassenkredite) gewähren. Die Höchstgrenze ... beträgt bei

a) dem Bund sechs Milliarden Deutsche Mark, ...

f) den Ländern vierzig Deutsche Mark je Einwohner ... .

(b) Geldmonopol und Münzgewinn: Gegen die staatliche Monopollösung spricht, daß die Emission von Münzen und Banknoten ein gutes Geschäft ist. Die als Zahlungsmittel benutzten Münzen sind unterwertig, d. h., ihre Prägekosten liegen in der Regel unter dem aufgeprägten Nominalwert (Scheidemünzen). Die Wertdifferenz, der Münzgewinn (›Seigniorage‹), fließt dem Staat zu, denn der hat die Münzhoheit. Auch die Ausgabe von Banknoten ist mit Gewinnen verbunden. Die Zentralbank (ebenfalls eine staatliche Institution) bringt Banknoten über die Geschäftsbanken in Umlauf. Für die Bereitstellung der Banknoten berechnet die Zentralbank Zinsen. Auch wenn Einnahmen aus der Bargeldemission dem Staat willkommen sind, rechtfertigt das kein staatliches Bargeldmonopol. Es ist in der Marktwirtschaft nicht Aufgabe des Staates, bestimmte wirt-

schaftliche Aktivitäten zu monopolisieren, um daraus Gewinne zu erzielen. Würde man die Bargeldausgabe hingegen privatisieren, fiele der Gewinn aus der Geldemission den privaten Banken zu – wie der Gewinn aus der Automobilproduktion den privaten Automobilherstellern zufällt.

(c) Geldmonopol und Geldwertsicherung: Das entscheidende Argument für ein staatliches Monopol in der Geldproduktion ist, daß dadurch die Stabilität des Geldwertes verläßlicher gesichert werden kann als bei einer wettbewerblichen Lösung. Zur Begründung dieser These muß zwischen der nominalen und der realen Geldmenge unterschieden werden. Was für die Geldbesitzer – private Haushalte und Unternehmen – zählt, ist weniger ihre nominale Geldmenge, sondern ihre reale Geldmenge, also die in der Geldmenge gespeicherte Kaufkraft. Diese hängt vom Preisniveau ab:

$$\text{Reale Geldmenge} = \frac{\text{Nominale Geldmenge}}{\text{Preisniveau}}.$$

Eine nominale Geldmenge von 1.000 Geldeinheiten enthält bei einem Preisniveau von 2 real genausoviel Kaufkraft wie eine nominale Geldmenge von 3000 GE bei einem Preisniveau von 6.

Bei wettbewerblicher Geldproduktion fehlt jegliche staatliche Begrenzung für eine Ausweitung der nominalen Geldmenge. Es kann eine Situation eintreten, in der die nominale Geldmenge und das Preisniveau parallel und permanent ansteigen, also ein Inflationsprozeß abläuft. Da die *reale* Geldmenge in diesem Fall nicht berührt wird, gibt es von den Geldbesitzern her keinen Widerstand gegen die Inflation – und diese kann insoweit unbegrenzt weitergehen. Das kann verläßlich nur verhindert werden, indem der Staat eingreift und die Ausweitung der nominalen Geldmenge begrenzt. Das staatliche Monopol bei der Emission von Bargeld (oder allgemeiner: Zentralbankgeld) ist hierfür die Grundlage. Über die Zentralbankgeldmenge kontrolliert der Staat die Geldmenge, denn die Zunahme der Geldmenge ist ohne eine Ausweitung der Zentralbankgeldmenge auf die Dauer nicht möglich (vgl. Kapitel II.1.2).

Die Anhänger der wettbewerblichen Geldproduktion halten entgegen, daß private Banken – wenn sie denn von staatlichen Fesseln befreit das Recht zur Geldproduktion hätten – den Geldumlauf gar nicht inflationär ausweiten würden. Angenommen, zwei Banken A und B emittieren jeweils eigene Banknoten, die nebeneinander als Zahlungsmittel in der Wirtschaft umlaufen. Jetzt erweitert Bank B erheblich den Umlauf der B-Banknoten. Die nun überreichlich vorhandenen B-Banknoten werden in der Wertschätzung der Haushalte und Unternehmen zurückfallen; niemand wird mehr die in ihrer Stabilität gefährdeten B-Banknoten annehmen wollen. Die B-Bank drängt sich damit selber aus dem Markt. Da jede Bank weiß, daß sie mit einer übermäßigen Ausgabe eigener Banknoten ihr Vertrauenskapital vernichten würde, wird sie – so das Argument – in ihrem eigenen Interesse die Notenausgabe eng begrenzen.

Das klingt schlüssig – rechtfertigt aber dennoch die Beseitigung des staatlichen Geldmonopols nicht. Wenn die B-Bank ihren Geldumlauf erhöht, könnte die A-Bank (vielleicht in geheimer Absprache mit der B-Bank) folgen und den Umlauf von A-Banknoten ebenfalls erhöhen. Da nun Noten beider Banken reichlicher werden, haben Haushalte und Unternehmen keine Wahl mehr zwischen stabilen und instabilen Noten. Die beiden Banken können Hand in Hand ihre Geldproduktion weiter ausdehnen, mit entsprechenden inflationären Folgen. Sie müssen nur darauf achten, daß nicht eine C-Bank gegründet wird, die in Konkurrenz wertstabiles Geld anbietet. Hinzu kommen Informationsprobleme. Ein unseriöser Banker könnte in Kauf nehmen, daß er mit einer übermäßigen Geldproduktion letztlich das Vertrauen der Kunden verspielt. Bis die Kunden aber aufmerksam werden, wird viel Zeit vergehen. In der Zwischenzeit hat der unseriöse Banker mit der Geldproduktion so viele Gewinne gemacht, daß er damit den Rest seines Lebens in angenehmer Umgebung verbringen kann. Sicherlich: Die Inflationen in der Geschichte belegen, daß auch der Staat sein Geldmonopol mißbrauchen kann. Gegen solchen Mißbrauch ist das staatliche Geldmonopol nicht geschützt. Aber für den soliden Staat, der eine stabile Geldordnung erhalten will, bleibt das Geldmonopol zur Kontrolle über die Geldproduktion unverzichtbar.

Manchem mag es als ein Widerspruch erscheinen, daß die privaten Banken zwar keine eigenen Banknoten und Münzen in Umlauf bringen dürfen, gleichzeitig aber ihren Kunden beliebige Mengen an Sichteinlagen bereitstellen dürfen. Sichteinlagen zählen – wie Bargeld – ebenfalls zur Geldmenge. Dem staatlichen Monopol bei der Bereitstellung des Bargelds (Zentralbankgeldes) gesellt sich die wettbewerbliche Produktion von Sichteinlagen zu. Doch faktisch begrenzt das staatliche Monopol beim Zentralbankgeld auch die wettbewerbliche Schaffung von Sichteinlagen. Die Banken müssen die im Zuge der Geldexpansion steigenden Bargeldwünsche des Publikums befriedigen und die Reservehaltung auf Einlagen ausweiten. Eine Ausweitung des Bargeldes und der Bankreserven ist nur möglich, wenn die Zentralbank entsprechendes Zentralbankgeld bereitstellt (vgl. Kapitel II.1.2). Neben dem direkten staatlichen Geldmonopol im Bereich des Bargeldes besteht also ein bindender staatlicher Einfluß bei der wettbewerblichen Produktion von Sichteinlagen.

2. Ziele der Geldpolitik

Die Zentralbank oder Notenbank (in Deutschland: die Deutsche Bundesbank) ist diejenige staatliche Instanz, die das staatliche Geldmonopol ausübt und die Geldschaffung der privaten Banken kontrolliert. Alles, was die Notenbank zur Überwachung und Beeinflussung des Geldumlaufs unternimmt, ist ›Geldpolitik‹. Jede Politik bedarf der Zielvorgaben. Bei der Geldpolitik geht es zu allererst und vor allem um die Stabilität des Geldwertes. Die Zuordnung von Beschäftigungs- und Wachstumszielen zur Geldpolitik ist hingegen wenig zweckmäßig.

(a) Vorrang für die Geldwertstabilität: Geld kann seine Funktion als Zahlungsmittel und als Wertaufbewahrungsmittel auf die Dauer nur erfüllen, wenn es von den Menschen akzeptiert wird. Und akzeptiert wird es nur, wenn niemand befürchten muß, daß der Geldwert durch Preissteigerungen ausgehöhlt wird. Dem scheint die Erfahrung zu widersprechen. In der Bundesrepublik hat es Geldwertstabilität im strengen Sinne nicht gegeben. Das Preisniveau ist vielmehr angestiegen, und entsprechend hat sich der Geldwert verringert (vgl. Abbildung 3). Trotzdem haben die Menschen nicht das Vertrauen in die D-Mark verloren. In anderen Ländern ist die Inflationsrate sogar noch höher als in Deutschland gewesen, und dennoch ist die Geldordnung dort nicht zusammengebrochen. Wird das Ziel der Geldwertstabilität überschätzt?

Sicherlich: Wenn es bei moderaten Preissteigerungen bleibt, werden sich die Menschen nicht gleich von dem ihnen vertrauten Geld abwenden. Viele gewöhnen sich an den Preisauftrieb und passen sich an. Bei Lohnverhandlungen wird die Preissteigerungsrate wie selbstverständlich mit einkalkuliert (vgl. Kapitel III.4); insoweit beeinträchtigt der Preisauftrieb die Kaufkraft der Löhne nicht. In den Zinssätzen schlägt sich die Preissteigerungsrate ebenfalls nieder (Kapitel III.4); Besitzer von Geldvermögen erleiden insoweit bei Preissteigerungen keine Realwertverluste ihres Vermögens. Und solange die inländischen Preissteigerungen nicht über denen im Ausland liegen, ist nicht einmal eine Abwertung der heimischen Währung zu befürchten (Kapitel IV.3.2). Vor diesem Hintergrund mögen moderate Preissteigerungen wie ein ›Schönheitsfehler‹ erscheinen, den man ruhig hinnehmen könne. Aber eine solchermaßen aufgeweichte Fassung des geldpolitischen Zieles Geldwertstabilität wäre höchst riskant. Die große Gefahr liegt in einer immer möglichen, spontanen Beschleunigung des Preisauftriebs. An sie kann sich niemand anpassen, weil sie nicht vorausgesehen wird. Wenn die Preisentwicklung plötzlich aus dem Ruder läuft, kommt es zu Kaufkrafteinbußen bei den Löhnen, zu Realwertverlusten beim Geldvermögen, zum Abwertungsdruck auf die heimische Währung. Jetzt muß mit dem Schlimmsten gerechnet werden, und die Flucht aus dem Geld (in die Sachwerte) kündigt den Zusammenbruch der Geldordnung an.

Die Inflation in den Jahren 1922/23 liefert hierfür eindrucksvolles Material. In Tabelle 2 ist der Index der Verbraucherpreise im Deutschen Reich für die Jahre 1914 bis 1923 angegeben. Nach den schon inflationären Preissteigerungen in der Zeit des Ersten Weltkrieges kam es dann zu einer explosionsartigen Zunahme des Preisauftriebs, die in den Zusammenbruch der Geldordnung mündete.

Die Gefahr eines sich plötzlich beschleunigenden Preisauftriebs ist den meisten nicht bewußt, weil der GAU des Geldsystems – Gott sei Dank – selten auftritt. Aber das macht ihn nicht unmöglich. Niemand weiß, bis zu welchem Wert Preisniveausteigerungen von den Menschen noch als moderat angesehen werden und wann die Grenze überschritten wird, von der ab sich der Preisauftrieb beschleunigt und das Geldsystem zusammenbricht. Das Problem sind unvorhersehbare spontane

Tabelle 2: Index der Verbraucherpreise im Deutschen Reich

Index der Verbraucherpreise im Deutschen Reich 1914 bis 1923 1913/14 = 100			
Jahr	Index	Jahr	Index
1914	100	1919	490
1915	135	1920	1 044
1916	180	1921	1337
1917	225	1922	15 036
1918	310	1923	15 897 Mrd
Quelle: Deutsche Bundesbank: Deutsches Geld- und Bankwesen in Zahlen 1876 – 1975, Frankfurt am Main 1976, S. 6			

Zustandsänderungen. Bis zu einer Preissteigerungsrate von x Prozent mögen die Menschen noch gelassen bleiben, doch beim Überschreiten dieser Rate ändern sie ihr Verhalten. Es ist wie bei einem Luftballon. Man kann ihn zunächst mit immer mehr Luft füllen, ohne daß er platzt. Und plötzlich übersteigt der Luftdruck einen Grenzwert, und der Ballon platzt. Übertragen auf das monetäre System soll das sagen: Der Umschwung von moderaten Preissteigerungen, an die sich die Menschen gewöhnt haben und die sie faktisch hinnehmen, zu einem beschleunigten Inflationsauftrieb, der nicht mehr hingenommen wird und in einem Zusammenbruch des Geldsystems münden kann, findet plötzlich und ohne Vorankündigung statt. Wenn der Luftballon platzt, ist es für Korrekturen zu spät. Preisniveausteigerungen müssen so gering wie möglich gehalten werden, damit sie gar nicht erst in die Nähe der Grenze kommen, von der ab sie nicht mehr von der Bevölkerung toleriert werden und von der ab die inflationäre Lawine losbricht.

Geldwertstabilität ist das Ziel der Geldpolitik, und sie liegt damit in der Verantwortung der Notenbank. So steht es auch im Gesetz über die Deutsche Bundesbank. Die Bundesbank betreibt Geldpolitik mit dem Ziel, ›die Währung zu sichern‹ (vgl. § 3 Bundesbankgesetz im Kasten ›Regelungen zur Geldordnung‹), und das meint Geldwertstabilität. Aber es gibt Grenzen für diese Verantwortung, da die Preisentwicklung nicht allein von der Geldmengenentwicklung (für die die Zentralbank verantwortlich wäre) abhängt. Bereits diskutiert wurde die Lohn-Preis-Spirale (Kapitel III.3.2). Ein Prozeß sich gegenseitig anstoßender Lohn- und Preissteigerungen kann eine geraume Zeit ablaufen, auch wenn die Zentralbank keine Ausweitung der Geldmenge zuläßt. Die Bewahrung der Geldwertstabilität ist nicht von der Zentralbank allein zu schaffen; sie setzt auch in der Wirtschaft ein stabilitätsgerechtes Verhalten voraus. Und umgekehrt: Wenn in einem Land Preisstabilität herrscht, ist das nicht allein Verdienst der Zentralbank, sondern auch dem stabilitätsgerechten Verhalten in der Wirtschaft zu verdanken.

(b) Wachstums- und Beschäftigungsziele: Neben dem Ziel der Geldwertstabilität strebt die Wirtschaftspolitik noch anderes an: einen hohen Beschäftigungsgrad, ein angemessenes und stetiges Wirtschaftswachstum. Leicht läßt sich fordern, daß die Geldpolitik auch diesen Zielen dienen solle. Doch das ist nicht ohne Tücken. Die Zentralbank möge ›mehr Geld‹ in den Wirtschaftskreislauf pumpen, in der guten Absicht, damit das Wirtschaftswachstum zu stimulieren und den Beschäftigungsgrad zu erhöhen. Doch dann läuft folgendes ab: Unternehmen, Haushalte und Arbeitnehmer registrieren den erhöhten Geldumlauf und erwarten deshalb, daß die Preise stärker ansteigen werden. Daraufhin werden in Tarifverhandlungen erhöhte Lohnabschlüsse durchgesetzt, Unternehmen heben ihre Preise an, weil sie höhere Löhne zu bezahlen haben und weil sie mit steigenden Materialpreisen rechnen. Am Ende ist mit dem zusätzlichen Geld nur erhöhter Preisanstieg finanziert worden; der erhoffte Wachstums- und Beschäftigungseffekt ist ausgeblieben. Das Problem ist also, daß eine Stimulierung von Wachstum und Beschäftigung durch die Geldpolitik – wenn überhapt – allenfalls vorübergehend erreicht werden kann, letztlich aber die Geldwertstabilität beeinträchtigen wird. Geldpolitik ist nicht der geeignete Ansatz für die Förderung von Wachstum und Beschäftigung.

3. Geldpolitische Strategie

3.1 Potentialorientierte Geldmengenausweitung

Die Zentralbank muß die Geldversorgung der Wirtschaft so knapp ausrichten, daß Preisniveausteigerungen grundsätzlich nicht finanziert werden können. Doch gilt es, die Balance zu wahren. Der Geldmengenanstieg muß auch ausreichen, um das wirtschaftliche Wachstum spannungsfrei zu finanzieren. Maßstäbe für eine angemessene Geldversorgung lassen sich aus der Geldmarktgleichung $M = k(i) \cdot P \cdot Y$ (vgl. Kapitel III.3.1) ableiten. Die Gleichung erfaßt die drei ökonomischen Variablen, um die es in der Geldpolitik vornehmlich geht. In der Geldmenge M (dem Geldangebot) schlagen sich die geldpolitischen Aktivitäten der Zentralbank nieder; das Ziel der Geldwertstabilität bezieht sich auf die Entwicklung des Preisniveaus P; das Wirtschaftswachstum wird mit der Entwicklung des gesamtwirtschaftlichen Realeinkommens (gleich Produktionsvolumen) Y erfaßt. In Veränderungsraten umformuliert, ergibt sich:

$$\hat{M} = \hat{P} + \hat{Y} + \hat{k}.$$

Die Veränderungsrate der Geldmenge ($\hat{M}$) entspricht der Preissteigerungsrate ($\hat{P}$) plus der Einkommenswachstumsrate ($\hat{Y}$) plus der Änderungsrate des Kassenhaltungskoeffizienten ($\hat{k}$). Mit Hilfe dieser Gleichung kann eine geldpolitische Strategie formuliert werden. Es sind Vorgaben für die Inflationsrate, die Wachstumsrate und die Änderungsrate des Kassenhaltungskoeffizienten zu machen – daraus ergibt sich dann die von der Zentralbank anzustrebende Änderungsrate der Geldmenge. Die Geldpolitik kann nun nicht jeden Tag, nicht jeden Monat, nicht einmal jedes Jahr ihr Ziel der Geldwertstabilität einhalten. Doch kann (und muß) sie die Voraussetzungen dafür schaffen, daß auf mittlere Sicht (über einen mehrjährigen Zeitraum gesehen) Geldwertstabilität erreicht wird. Bei den Vorgaben für die genannten Größen sind also mittelfristige Werte anzusetzen.

Die erste Frage lautet, welches Wirtschaftswachstum $\hat{Y}$ auf mittlere Sicht möglich erscheint. Dies hängt im wesentlichen von der Entwicklung der Produktionsfaktoren Arbeit und Kapital und vom technischen Fortschritt ab, die zusammengenommen die Entwicklung der gesamtwirtschaftlichen Produktionsmöglichkeiten (des ›Produktionspotentials‹) bestimmen. Für Deutschland liegt die Wachstumsrate des Produktionspotentials in der Größenordnung von 2,5 Prozent. Weil hier die Entwicklung des Produktionspotentials den Ausgangspunkt für die geldpolitischen Überlegungen darstellt, wird die resultierende geldpolitische Strategie auch als ›potentialorientierte Geldpolitik‹ bezeichnet.

Als zweites ist zu fragen, welche Preisniveausteigerungsrate $\hat{P}$ die Geldpolitik anstreben soll. Sehr ehrgeizig wäre der Wert von Null. Da die Messung der Geldwertentwicklung mit Hilfe von Preisindizes ungenau ist (vgl. Kapitel III.2.2) und da sich nichtmonetäre Inflationsursachen nur mit Gewalt (unter Inkaufnahme massiver, anhaltender Arbeitslosigkeit) völlig beseitigen ließen, ist man in der Praxis gewöhnlich weniger anspruchsvoll (um nicht zu sagen: realistischer). In Deutschland gilt eine Preissteigerungsrate von nicht mehr als 2 Prozent noch mit Geldwertstabilität vereinbar.

Als drittes ist zu fragen, wie sich der Kassenhaltungskoffizient $\hat{k}$ verändert. Schwankungen der Zinsen beeinflussen diesen Koeffizienten. Für die mittelfristig ausgerichteten Überlegungen sind jedoch die vorübergehenden Einflüsse schwankender Zinsen weniger wichtig. Auf mittlere Sicht spielen vielmehr die unabhängig von den Zinsen festzustellenden trendmäßigen Veränderungen des Kassenhaltungskoeffizienten eine Rolle. In Deutschland steigt der Koeffizient durchschnittlich mit einer Größenordnung von 0,5 Prozent pro Jahr an.

Aus den Annahmen über die Veränderung des Produktionspotentials (2,5 v. H.), die noch tolerierbare Preissteigerungsrate (2 v. H.) und die Trendrate für den Kassenhaltungskoeffizienten (0,5 v. H.) folgt, daß unter mittelfristigen Aspekten ein Geldmengenwachstum in der Größenordnung von 5 Prozent angemessen ist. ›Angemessen‹ heißt: Das ist eine Geldmengenausweitung, die mit Geldwertstabilität vereinbar ist und gleichzeitig für die Finanzierung des Wirtschaftswachstums genügend Raum läßt. Diese Geldmengenausweitung sollte von der Zentralbank angestrebt werden, und sie sollte beibehalten werden, bis sich Neueinschätzungen der zugrundeliegenden Werte, etwa der Wachstumsrate des Produktionspotentials, als notwendig erweisen.

Die Zentralbank sollte öffentlich ankündigen, welche Geldmengensteigerungsrate sie anstreben will (Bekanntgabe eines Geldmengenzieles), damit sich die Wirtschaft darauf einstellen kann. Im Idealfall bewirkt das zweierlei: Der Verteilungskampf wird entspannt, weil unter den Bedingungen der angekündigten potentialorientierten Geldmengenversorgung auf mittlere Sicht nicht mit (hohen) Preissteigerungen zu rechnen ist. Zugleich werden den Verteilungskämpfern auch die Risiken bewußt, die sie mit nicht stabilitätsgerechten Lohnabschlüssen eingingen. Da der Geldmantel knapp bliebe, würden überhöhte Kostensteigerungen mit Beschäftigungseinbußen erkauft. Auf die lässige Haltung der Zentralbank kann jedenfalls nicht gesetzt werden; unter diesen Bedingungen wird Geldwertstabilität in die Verträge eingebaut.

3.2 Das Problem der Schocks

Die Strategie der potentialorientierten Geldmengensteuerung sieht einfach aus. Die Zentralbank steuert die Geldmenge so, daß gerade das Wachstum des Produktionspotentials bei noch mit Geldwertstabilität zu vereinbarenden Preisniveausteigerungen finanzierbar ist. Doch die geldpolitische Praxis ist voller Tücken. Immer wieder kommt es zu unerwarteten Entwicklungen: Die Wachstumsrate der gesamtwirtschaftlichen Produktion weicht von der unterstellten Wachstumsrate des Produktionspotentials ab; der Kassenhaltungskoeffizient bewegt sich anders, als bei der Bestimmung des Geldmengenzieles angenommen wurde; die Preisentwicklung verlauft anders als gedacht; die vorgesehene Geldmengensteigerungsrate läßt sich für geraume Zeit nicht einhalten. Alles, was an unerwarteten Einflüssen der geschilderten Art auftritt, sind aus der Sicht der Zentralbank ›Störungen‹, in der Sprache der Theorie sind es ›Schocks‹. Ob die Zentralbank auf solche Schocks reagieren soll und wie, gehört zu den komplizierten Themen der Geldpolitik. Am einfachsten läßt sich die Problematik mit einem Zahlenbeispiel darstellen (vgl. Tabelle auf der nächsten Seite).

Bei der Planung der Geldmengenversorgung weiß die Zentralbank von den künftigen Störungen natürlich noch nichts, kann sie folglich auch nicht berücksichtigen. Bei der Ableitung des Geldmengenziels wird der Schock mit dem Wert Null angesetzt (Zeile ›Ziel‹). Nachdem das Geldmengenziel abgeleitet und verkündet worden ist, wachse die Geldmenge zunächst mit der vorgesehenen Rate von 5 v. H.. Doch plötzlich trete ein Schock auf der Geldnachfrageseite auf. Er löse einen unerwarteten zusätzlichen Anstieg der Geldnachfrage in Höhe von 1 v. H. aus

(Zeile ›Schock‹). Wie die Zentralbank darauf reagieren soll, ist strittig.

	$\hat{M}$ =	$\hat{P}$ +	$\hat{Y}$ +	$\hat{k}$ +	›Schock‹
Ziel	5	2	2,5	0,5	0
Schock					1
›Tauben‹	6	2	2,5	0,5	1
›Falken‹	5	2	2,5	−0,5	1

Die ›Tauben‹ in der Zentralbank sprechen sich für eine Erhöhung der Geldmengensteigerungsrate über den vorgesehenen Zielwert hinaus (auf 6 v. H.) aus. Die Argumentation klingt schlüssig: Nur dadurch könne das Wirtschaftswachstum bei den angestrebten 2,5 v. H. gehalten werden (Zeile ›Tauben‹). Würde die Zentralbank ihre Geldmengenexpansion auf dem alten Zielwert belassen (5v. H.), müßte die Wachstumsrate $\hat{Y}$ zurückfallen (auf 1,5 v. H.). Dem widersprechen die ›Falken‹ in der Zentralbank vehement. Sie wollen an dem festgelegten Geldmengenziel (5 v. H.) ohne Wenn und Aber festhalten. Wachstumseinbußen befürchten sie nicht, denn sie vertrauen darauf, daß der Schock durch eine Anpassung des Kassenhaltungskoeffizienten (von +0,5 v. H. auf −0,5 v. H.) aufgefangen wird (Zeile ›Falken‹). Unter diesen Umständen würde eine Heraufsetzung der Geldmengenexpansion (auf 6 v. H.) lediglich zu einer höheren als der noch tolerierbaren Preissteigerungsrate (3 v. H. anstatt 2 v. H.) führen.

Der Streit zwischen Tauben und Falken wird durch widersprüchliche Gutachten verstärkt. Ein Gutachter vertritt die Auffassung, daß es sich bei dem Schock gar nicht um einen Schock (im Sinne eines vorübergehenden Ereignisses) handele. Vielmehr liege eine nachhaltige Änderung beim Produktionspotential vor; die Wachstumsrate des Produktionspotentials betrage nicht – wie bisher angenommen – 2,5 v. H., sondern in Wirklichkeit 3,5 v. H.. Die Konsequenz könne nur lauten, den Geldmengenpfad entsprechend dem erhöhten Wachstumstempo auszudehnen (auf 6 v. H.). Ein anderer Gutachter bestätigt zwar, daß sich die Potentialwachstumsrate erhöht habe, jedoch hätte sich zugleich der Trendwert für die Änderungsrate des Kassenhaltungskoeffizienten geändert. Statt um 0,5 v. H. zu steigen, sinke der Koeffizient jetzt um diesen Wert. Die um einen Prozentpunkt erhöhte Wachstumsrate $\hat{Y}$ werde also durch die um einen Prozentpunkt niedrigere Änderungsrate des Kassenhaltungskoeffizienten $\hat{k}$ gerade kompensiert. Daher gebe es für die Anhebung der Geldmengensteigerungsrate keinen Grund. Was hier wie abstruser Expertenstreit erscheinen mag, ist in Wahrheit Realität. Ob der geldpolitische Kurs der Zentralbank angemessen, zu expansiv oder zu restriktiv ist, wird häufig genug höchst kontrovers diskutiert. Die Kontroverse beruht zumeist darauf, daß über die aktuelle wirtschaftliche Lage, die wirtschaftlichen Verhaltensweisen der Menschen und über die Wirkungszusammenhänge in einer Volkswirtschaft nur begrenzte Informationen vorliegen. Das eröffnet Spielraum für unterschiedliche Interpretationen, Wertungen und eben auch für Kontroversen.

So bleibt die Frage, wie sich eine Zentralbank angesichts der Unsicherheit verhalten soll. Das eine Extrem wäre das sture Festhalten am einmal eingeschlagenen Kurs. Ein vorgegebenes Geldmengenziel wird realisiert, gleichgültig, was an neuen Informationen verfügbar wird, und wirke es, wie es wolle. Eine solche Strategie liefe letztlich darauf hinaus, die Unsicherheit zu ignorieren. Eine Lösung ist das nicht. Kein kluger Autofahrer würde im Nebel, weil er über den weiteren Straßenverlauf unsicher ist, einfach stur geradeaus fahren. Das andere Extrem stellte die permanente Anpassung der geldpolitischen Aktivität an jedwede neue Information dar. Auch das ist keine Lösung: Die Geldpolitik geriete in einen blinden Aktionismus, zumal wenn sie auf widersprüchliche Informationen reagieren müßte. So bleibt letzten Endes nichts weiter übrig als ein gewisser Pragmatismus. Die Zentralbank muß eine klare geldpolitische Konzeption haben, zum Beispiel die potentialorientierte Geldmengenpolitik. Doch darf sie den vorgegeben Kurs nicht blind verfolgen; sie muß neue Informationen, die nach sorgfältiger Prüfung als gewichtig einzustufen sind, berücksichtigen und gegebenfalls ihren bisherigen Kurs revidieren.

Eines muß die Zentralbank dabei immer im Visier behalten: ihre Glaubwürdigkeit. Verkündet die Zentralbank Geldmengenziele, an denen sie festhält, obwohl sich die Rahmendaten deutlich verändert haben, wird das ihre Glaubwürdigkeit ebenso unterminieren, wie wenn sie einmal vorgegebene Geldmengenziele mehr oder weniger regelmäßig nicht einhalten würde. Eine Zentralbank, die nicht glaubwürdig ist, kann kein Vertrauen der Menschen in die Stabilität des Geldsystems schaffen. Um ihre Glaubwürdigkeit zu bewahren, braucht die Zentralbank nicht geldpolitische Ziele sklavisch einzuhalten. Doch müssen Abweichungen und Änderungen des bisherigen Kurses wohlbegründet sein und – besser noch – im Dialog mit einer interessierten Öffentlichkeit entschieden werden. Einer kompetenten Notenbank gelingt das, wie das Beispiel der Deutschen Bundesbank zeigt. Die Deutsche Bundesbank hat 1974 damit begonnen, ihren geldpolitischen Kurs in Form von Geldmengenzielen zu formulieren. Die Geldmengenziele für das jeweils kommende Jahr werden vorab veröffentlicht. Im Rückblick muß man festellen, daß es dabei zahlreiche Änderungen gab. Die Deutsche Bundesbank hat die Zielgröße, die Art der Zielbestimmung mehrfach geändert. Vergleichsweise häufig wurden die Zielvorgaben auch nicht eingehalten. Die Glaubwürdigkeit der Deutschen Bundesbank als Vorkämpferin für die Preisstabilität blieb dennoch gewahrt.

4. Geldpolitische Instrumente

4.1 Steuerung der Zentralbankgeldmenge

Die Geldpolitik der Zentralbank zielt auf die Entwicklung der Geldmenge. Doch hat die Zentralbank nur einen indirekten Zugriff auf die Geldmenge. Konkret steuert sie die Zentralbankgeldmenge (vgl. Kapitel II.1). Eine Ausweitung (Rückführung) der Zentralbankgeldmenge führt tendenziell zu einer Erhöhung (Verringerung) der Geldmenge. Welche Instrumente der Zentralbank zur Verfügung stehen, um die Zentralbankgeldmenge zu steuern, läßt sich mit Hilfe einer (vereinfachten) Bilanz der Zentralbank erläutern.

Die Zentralbankgeldmenge ist auf der Passivseite der Zentralbankbilanz zu finden. Die Zentralbankgeldmenge ist die Summe aus Bargeldumlauf und Bankreserven (sogenannte ›Verwendungsseite‹ der Zentralbankgeldmenge). Die Entstehung

<table>
<tr><th colspan="3">Bilanz der Zentralbank – Grundstruktur</th></tr>
<tr><td>Devisenbestände (DEV)</td><td rowspan="2">Zentralbankgeldmenge</td><td>Bargeldumlauf (BG)</td></tr>
<tr><td>Kredite an Kreditinstitute (KKI)</td><td>Mindestreserven (R)</td></tr>
<tr><td>Kredite und Forderungen an öffentliche Haushalte (KÖH)</td><td colspan="2" rowspan="2">Einlagen von öffentlichen Haushalten (EÖH)</td></tr>
<tr><td>Wertpapiere (WP)</td></tr>
</table>

der Zentralbankgeldmenge ist Ergebnis der übrigen Bilanzpositionen. In Gleichungsform geschrieben gilt:

$$ZBG = DEV + KKI + WP + KÖH - EÖH.$$

In diesen Bilanzpositionen kommen die geldpolitischen Maßnahmen der Zentralbank zum Ausdruck:

(a) Devisentransaktionen (DEV): Mit dem Ankauf von Devisen steigt die Zentralbankgeldmenge, denn die Zentralbank bezahlt die angekauften Devisen mit Zentralbankgeld. Ein Devisenverkauf verringert die Zentralbankgeldmenge.

(b) Refinanzierungspolitik: Wenn die Bundesbank den Geschäftsbanken Kredite einräumt (›Refinanzierungskredit‹, KKI), steigt die Zentralbankgeldmenge. Technisch geschieht die Refinanzierung in der Weise, daß die Bundesbank von den Banken Schuldtitel hereinnimmt und den Gegenwert in Form von Zentralbankgeld auszahlt. Dafür berechnet sie Zinsen. Die wichtigsten Formen sind (in Klammern die dazugehörigen Zinsen):
– Wechseldiskontkredit: Ankauf von Handelswechseln (zum Diskontsatz),
– Lombardkredit: Verpfändung (›Lombardierung‹) von Wertpapieren (zum Lombardsatz),
– Wertpapierpensionsgeschäft: Ankauf von Wertpapieren, wobei sich die Banken zum Rückkauf der Wertpapiere nach einer bestimmten Laufzeit verpflichten (zum Wertpapierpensionssatz).

(c) Offenmarktpolitik: Durch den Ankauf von Wertpapieren (WP) am offenen Markt (Wertpapierbörse) steigt die Zentralbankgeldmenge, durch den Verkauf sinkt sie.

(d) Einlagen-Schulden-Politik: Mit der Hereinnahme von Einlagen öffentlicher Haushalte (EÖH) durch die Zentralbank schrumpft die Zentralbankgeldmenge, mit der Kreditvergabe an öffentliche Haushalte (KÖH) steigt sie.

Ein weiteres geldpolitisches Instrument ist die Mindestreservepolitik. Von den bisherigen Instrumenten unterscheidet sie sich dadurch, daß damit nicht die Zentralbankgeldmenge selbst erhöht oder gesenkt wird. Jedoch wird der Bedarf an Zentralbankgeld gesteuert. Wieviel Reserven die Banken in Relation zu ihren Kundeneinlagen mindestens halten müssen, wird ihnen von der Zentralbank in Form der Mindestreserve vorgeschrieben. Je höher der Mindestreservesatz ist, um so mehr Zentralbankgeld müssen die Banken als Reserve halten und um so weniger der vorhandenen Zentralbankgeldmenge kann von ihnen für die Kreditvergabe verwendet werden. Folglich bedeutet die Erhöhung des Mindestreservesatzes eine Verringerung der Kreditexpansion und damit eine Dämpfung in der Entwicklung der Geldmenge (vgl. Abbildung 2).

4.2 Steuerung der Refinanzierungszinsen

Die Zentralbankgeldmenge bündelt eine Vielzahl von geldpolitischen Aktivitäten. Ein (beschleunigter) Anstieg der Zentralbankgeldmenge signalisiert im allgemeinen eine expansive Geldpolitik. Doch darf die Zentralbankgeldmenge nicht unbedacht als Indikator für die geldpolitischen Absichten der Zentralbank genommen werden. Aus gutem Grunde kann die Steuerung der Zentralbankgeldmenge nicht immer im Sinne einer starren Begrenzung durchgeführt werden. Mitunter sieht sich die Zentralbank zu einer Bereitstellung von Zentralbankgeld gezwungen, auch wenn das mit ihren geldpolitischen Absichten im Widerspruch steht.

Ein Beispiel: Es sei eine Zentralbankgeldmenge von 400 Mrd DM verfügbar, davon gebunden 300 Mrd DM in Form von Bargeld und 100 Mrd DM in Form von Mindestreserven. Nun kommen Bankkunden zu den Kreditinstituten und wollen von ihren Bankkonten weiteres Bargeld in der Höhe von 50 Mrd DM ausgezahlt bekommen. Um diese Wünsche erfüllen zu können, müßte die Zentralbankgeldmenge von 400 auf 450 Mrd DM erhöht werden. Was würde passieren, wenn die Zentralbank dazu nicht bereit ist und die Zentralbankgeldmenge auf 400 Mrd DM hält? Dann kämen die Kreditinstitute in ernsthafte Schwierigkeiten. Da sie über das zusätzlich geforderte Bargeld nicht verfügen, müssen sie die Auszahlung verweigern. Die Folgen wären klar: Die Banken wären zahlungsunfähig; schlagartig würde ein Sturm auf die Banken einsetzen. Das Geldsystem kollabiert. Einen Ausweg gibt es. Die Banken könnten Kredite kündigen. Wenn sie ihre Kredite verringern, sinken damit auch die Bankeinlagen. Damit wird Zentralbankgeld, das bisher in der Mindestreserve gebunden ist, frei und könnte zur Barauszahlung verwendet werden. In unserem Zahlenbeispiel müßten die Einlagen halbiert werden (dann würde auch die Hälfte der Mindestreserven frei). Doch dieser Weg führt ebenfalls ins Desaster. Die unerwartete massive Kürzung der Kredite würde die Kreditnehmer in die Zahlungsunfähigkeit treiben, was auf die Banken zurückschlägt.

Wie man es dreht und wendet: Wenn die Zentralbank eine plötzlich auftretenden Nachfrage nach Zentralbankgeld nicht erfüllt, riskiert sie die Illiquidität der Banken und der Bankkunden und gefährdet das Finanzierungssystem. Die Funktionsfähigkeit des Finanzsystems hat aber absoluten Vorrang. Folglich wird die Zentralbank grundsätzlich das nachgefragte Zentralbankgeld bereitstellen, auch wenn es nicht in ihre geldpolitischen Pläne paßt. Doch kann die Zentralbank etwas anderes tun: Sie verlangt höhere Zinsen als bisher für das zusätzliche Zentralbankgeld. Sie wird also den Diskontsatz, den Lombardsatz oder den Wertpapierpensionssatz erhöhen. Das Kalkül ist, daß auf diese Weise der weiteren Expansion der Zentralbankgeldmenge entgegengewirkt wird. Wenn die Banken sich Zentralbankgeld nur zu erhöhten Zinsen bei der Zentralbank beschaffen können, werden sie diese Zinssteigerungen an ihre Kunden weitergeben. Die Kreditzinsen steigen; das wird allgemein die Kreditexpansion und damit auch die Geldmengenexpansion dämpfen. Die Zinsen am Kapitalmarkt steigen; dadurch werden einige Anleger verstärkt Wertpapiere kaufen und ihre Geldnachfrage einschränken. Über die Zinssteuerung erzielt dann die Zentralbank die angestrebten Effekte bei der Geldmenge.

Die geldpolitischen Aktivitäten sind also nicht nur an der aktuellen Bewegung der Zentralbankgeldmenge abzulesen, sondern vor allem auch an den Refinanzierungszinsen, die die Zentralbank für die Bereitstellung von Zentralbankgeld berechnet.

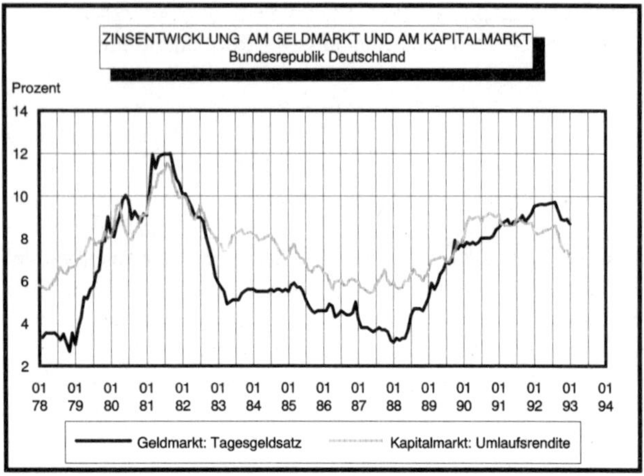

Abbildung 11: Zinsentwicklung am Geldmarkt und am Kapitalmarkt

Auf Restriktionskurs befindet sich die Zentralbank, wenn die Refinanzierungszinsen ›hoch‹ sind oder erhöht werden, auch wenn die Zentralbankgeldmenge dann noch für einige Zeit stärker steigen sollte als eigentlich gewünscht. Für ein schnelles, gleichwohl treffsicheres Urteil über den Kurs der Geldpolitik empfiehlt sich der Blick auf die Zinsen am Geldmarkt. Mit ihren Refinanzierungszinsen (Diskontsatz, Lombardsatz, vor allem Wertpapierpensionssatz) bestimmt die Notenbank praktisch den Tagesgeldsatz, also den Zinssatz, den sich Banken berechnen, wenn sie sich untereinander Zentralbankgeld für einen Tag leihen. Abbildung 11 zeigt die Entwicklung des Tagesgeldsatzes seit 1978. Zusätzlich ist noch die Zinsentwicklung am Kapitalmarkt (gemessen an der Umlaufsrendite festverzinslicher Wertpapiere) ausgewiesen.

Ein steigender Tagesgeldsatz signalisiert monetäre Verknappung und damit einen restriktiven geldpolitischen Kurs. Auf ausgeprägtem Restriktionskurs war die Deutsche Bundesbank demnach um 1981 und dann wieder um 1992. Der Kapitalmarktzins bewegt sich (wenn auch unter geringeren Schwankungen) grundsätzlich in die gleiche Richtung wie der Geldmarktzins. Das dokumentiert den Einfluß der Geldpolitik auf den Kapitalmarkt. Freilich gibt es immer wieder Phasen (so 1983 und 1991/92), in denen sich die Kapitalzinsentwicklung von der am Geldmarkt löst

5. Unabhängigkeit der Notenbank

Ausgefeilte monetäre Strategien und ein ausgebautes Instrumentarium für die monetäre Steuerung garantieren nicht, daß die Geldpolitik das Beste für die Geldwertstabilität herausholt. Es kommt auch darauf an, wer das Kommando über die Geldpolitik führt und welche Motivationen er hat. In manchen Ländern unterliegt die Zentralbank den Weisungen der Regierung. In anderen Ländern ist sie von Weisungen unabhängig, so auch in Deutschland (vgl. § 12 Bundesbankgesetz im Kasten ›Regelungen zur Geldordnung‹). Zwar muß die Deutsche Bundesbank die allgemeine Wirtschaftspolitik der Bundesregierung unterstützen, jedoch nur ›unter Wahrung ihrer Aufgabe‹ (und die heißt: die Währung sichern). Es versteht sich von selbst, daß Zentralbanker gemeinhin die Unabhängigkeit vorziehen, gibt ihnen das doch wirtschaftspolitische Macht. Auch die (deutsche) Öffentlichkeit sieht in der Unabhängigkeit der Zentralbank eine wichtige institutionelle Voraussetzung für die Geldwertstabilität – und das mit Recht. Doch gibt es gegen die Unabhängigkeit auch politischen Bedenken.

(a) Unabhängigkeit von Weisungen: Obwohl eine unabhängige Zentralbank beträchtliche wirtschaftspolitische Macht ausübt, unterliegt sie keiner Kontrolle durch den Wähler. Parlament und Regierung müssen sich hingegen alle vier Jahre um ein neues Mandat bemühen. Vom Standpunkt demokratischer Kontrolle müßte auch die Zentralbank dem Wählervotum unterliegen. Dies könnte indirekt erreicht werden, indem die Zentralbank an Weisungen der Regierung, auf die der Wähler einwirkt, gebunden wird. Die Regierung besitzt die Verfügungsmacht über Militär und Polizei. Da ist es nicht einzusehen, warum sie nicht auch über das harmlosere Mittel der Geldpolitik verfügen sollte. So könnte ein Standpunkt lauten.

Ein anderer Standpunkt ist, daß eine formale Weisungsbindung der Zentralbank nicht nötig ist; denn auch eine unabhängige Notenbank nimmt politische Rücksicht. Die Regierung bestellt die Mitglieder für die Entscheidungsgremien der Zentralbank; und sie verlängert deren Verträge. Damit hat die Regierung einen Einfluß auf die Grundausrichtung der Zentralbank. Sollte die Zentralbank die allgemeine Wirtschaftspolitik der Regierung durch überzogene geldpolitische Maßnahmen unterminieren, kann das Parlament jederzeit die Unabhängigkeit der Zentralbank durch einfaches Gesetz aufheben. Eine Zentralbank wird daher – gerade im Interesse des Erhalts ihrer Unabhängigkeit – mit ihrer Politik nicht soweit gehen, daß die Beibehaltung ihres unabhängigen Status gefährdet wird.

Sieht man es unter dem Blickwinkel der Geldwertstabilität, spricht alles für die Unabhängigkeit. Der Kampf um die Geldwertstabilität verläuft nicht schmerzfrei. Wenn die Zentralbank den monetären Mantel auf einem potentialgerechten Maß hält, schlägt stabilitätswidriges Verhalten in der Wirtschaft mit Produktionseinbußen und Arbeitslosigkeit auf die Verursacher zurück. Wenn eine Notenbank aus einer Phase hoher Preissteigerungen heraus Restriktion betreibt, kommt es gewöhnlich zu einer kritischen Entwicklung bei Produktion und Beschäftigung (vgl. zu den Kosten der Disinflation Kapitel III.3.2). Die Betroffenen argumentieren wortreich, daß die restriktive Geldpolitik zur Unzeit kommt, überzogen ist und daß sie daher unterbleiben soll. Das ist das Problem: Zwar ist das Ziel der Geldwertstabilität populär, aber die Geldpolitik, die diesem Ziel dient, ist es in der Regel nicht. Die stabilitätsorientierte Zentralbank eckt häufig an. Sie kann ihren stabilitätspolitischen Auftrag nicht erfüllen, wenn sie sich dem üblichen politischen Prozeß unterwerfen muß, der von Rücksichtnahme auf den Wähler und von politischen Kompromissen geprägt ist. Das Ziel der Geldwertstabilität würde tendenziell relativiert. Wägt man alles ab, sprechen die besseren Argumente für die Unabhängigkeit der Notenbank von Weisungen des Staates.

(b) Begrenzung der Kreditvergabe an den Staat: Die Unabhängigkeit der Zentralbank von Weisungen der Regierung ist nur dann gesichert, wenn sich die Zentralbank nicht an der Finanzierung des Staatshaushaltes beteiligen muß. Dürfte der Staat bei der Notenbank beliebig Kredit aufnehmen, würde er auf diese Weise – auch wenn er der Zentralbank keine Weisungen erteilen kann – Einfluß auf die Zentralbankgeldmenge und

damit auf die Geldpolitik insgesamt gewinnen. Der Finanzminister könnte die Zentralbank aushebeln. Wenn in seiner Sicht die Notenbank zu restriktiv fährt (zu wenig Zentralbankgeld bereitstellt), brauchte er bloß einen Kredit bei der Notenbank aufzunehmen, und die Zentralbankgeldmenge würde steigen (vgl. Kapitel V.4.1). Die Zentralbank könnte dem zwar bis zu einem gewissen Grade gegensteuern, indem sie andere Formen der Bereitstellung von Zentralbankgeld zurückfährt, aber gegenüber einem wirklich entschlossenen Staat hätte sie auf die Dauer keine Chance. In Deutschland darf die Bundesbank nur in unbedeutendem Umfang kurzfristige Kredite an den Staat geben (vgl. § 20 Bundesbankgesetz im Kasten ›Regelungen zur Geldordnung‹); sie dienen nur der kurzfristigen Überbrückung von Liquiditätsengpässen. Eine Finanzierung des Staatshaushalts durch Notenbankkredit ist ausgeschlossen.

(c) Faktische Handlungsautonomie: Mit ›Unabhängigkeit‹ der Zentralbank kann auch die faktische Handlungsautonomie gemeint sein. Faktische Handlungsautonomie besitzt eine Zentralbank, wenn sie die in eigener Verantwortung getroffene Entscheidung, wieviel Zentralbankgeld sie bereitstellt, auch realisieren kann. Dies ist insbesondere in Verbindung mit dem Wechselkurssystem ein heikles Thema. Autonomieprobleme in diesem Sinne ergeben sich in einem System fester Wechselkurse. Dies wird in Kapitel VI.2 ausführlich behandelt.

6. Indexierung

Die Zentralbank kann ein stabiles Preisniveau nicht garantieren, sondern nur die monetären Voraussetzungen dafür herstellen. Da liegt der Gedanke nahe, dem Problem der Geldwertstabilität auf radikal andere Weise zu Leibe zu rücken: Wenn Preissteigerungen schon nicht sicher auszuschließen sind, könnten doch wenigstens Haushalte und Unternehmen vor nachteiligen Folgen der Preissteigerungen geschützt werden. Dies gelingt durch Indexierung, also durch Verträge mit Anpassungsklauseln für den Fall von Preissteigerungen.

(a) Indexierung bei Löhnen und Zinsen: Nehmen wir an, Gewerkschaften und Arbeitgeber seien sich einig, daß der reale

Lohn im nächsten Jahr um 2 Prozent steigen soll. Welche nominale Lohnsteigerung dazu erforderlich ist, hängt von der Preissteigerungsrate ab, denn die Reallohnsteigerungsrate ist gleich der nominalen Lohnsteigerungsrate abzüglich der Preissteigerungsrate. Die künftige Preissteigerungsrate ist bei Abschluß der Lohnvereinbarungen nicht bekannt. Die Lösung ist ein indexierter Vertrag, der die folgende Formel enthält:

Nominallohn- steigerungsrate (in Prozent)	=	angestrebte Real- lohnsteigerungsrate (in Prozent)	plus	tatsächliche Preis- steigerungsrate (in Prozent

Mit dieser Formel stellen die Beteiligten sicher, daß es zu der angestrebten Reallohnsteigerung kommt. Die Nominallöhne werden an die laufende Preisentwicklung immer so angepaßt, daß der angestrebte Reallohnanstieg eingehalten wird. Die Arbeitnehmer müssen nicht befürchten, daß unerwartete Preissteigerungen zu Lasten ihrer Reallöhne gehen.

Indexierung läßt sich auch an Finanzmärkten realisieren. Vereinbart wird eine Anpassung des nominalen Zinssatzes an die Inflationsrate, und zwar so, daß der Realzins auf einem vereinbarten Wert (von beispielsweise 4%) gehalten wird. Die Formel könnte (vereinfacht) so lauten:

Nominaler Zinssatz (in Prozent)	=	vereinbarter Realzins (in Prozent)	plus	tatsächliche Preis- steigerungsrate (in Prozent)

Diese Formel sichert dem Gläubiger unabhängig von der tatsächlichen Inflationsrate die vereinbarte reale Verzinsung. Und der Schuldner kann sich ebenfalls auf die vereinbarte feste Realverzinsung einstellen.

(b) Problematik der Indexierung: Indexierung schützt die Kontraktpartner vor unerwarteten Preisänderungen. Dennoch ist Indexierung in Deutschland genehmigungspflichtig. Der etwas verklausulierte § 3 des Währungsgesetzes (vgl. Kasten ›Regelungen zur Geldordnung‹) besagt nichts anderes (unter anderem heißt es, daß der Betrag einer Geldschuld nicht durch die Preisentwicklung bestimmt werden soll). Damit wird das Nominalwertprinzip (eine Schuld von einer Deutschen Mark bleibt eine Schuld von einer Deutschen Mark) vorgeschrieben. Für die enge Beschränkung indexierter Verträge gibt es gute Gründe. Zwar sind indexierte Verträge inflationsunempfindlich; aber das

wird mit dem Nachteil erkauft, daß die Inflationsrate um so höher ausfallen kann.

Erstens werden exogene Preisimpulse durch Indexierung verstärkt. Nehmen wir an, die Preise importierter Rohstoffe würden steigen. Wenn die Unternehmen daraufhin ihre Absatzpreise anheben, müßten auch die preisindexierten Löhne erhöht werden. Dadurch würden die Lohnkosten zusätzlich zu den Rohstoffkosten steigen, und der Preisanstieg wird beschleunigt. Jeder Preisimpuls löst automatisch weitere Kosten- und Preisimpulse aus. Die Indexierung wird zum Schwungrad für die Inflation.

Zweitens werden bestimmte finanzpolitische Maßnahmen unterbunden. Erhöht der Staat die Mehrwertsteuer, so steigt das Preisniveau. Bei gegebenen Nominaleinkommen haben die Einkommensbezieher eine entsprechende reale Einbuße hinzunehmen. Dies ist auch beabsichtigt, denn die Steuererhöhung soll die verfügbaren Einnahmen des Staates zu Lasten der privaten Einkommensbezieher verbessern. Wenn die Löhne indexiert werden, müßten sie entsprechend dem Preisimpuls angehoben werden. Die Kaufkraftumverteilung von den Lohnbeziehern zum Staat gelingt dann nicht.

Drittens: Es ist praktisch nicht möglich, alle nominalen Forderungen zu indexieren. Das Geld, das in der Kasse gehalten wird, kann nicht indexiert werden. Es wäre eine absurde Vorstellung, wenn die Zentralbank im Fall von Preissteigerungen an jedermann zusätzliches Geld ausgeben müßte, damit die Kaufkraft der Kasse erhalten bleibt. Geldhaltung wird durch Indexierung diskriminiert.

Alles in allem stellt die Indexierung ein gefährliches Instrument dar. Wenn doch einmal Indexierung angebracht scheint, z. B. die Anpassung des Pachtzinses an die Preisentwicklung bei Erbpachtverträgen, so sollte sie als Ausnahme genehmigt werden. Es muß beim Nominalwertprinzip bleiben: Forderungen sollen nominal, nicht real fixiert werden.

VI. Kapitel: Die internationale Währungsordnung

1. Konvertibilität der Währungen

Mit der internationalen Währungsordnung werden die Beziehungen zwischen den Währungen verschiedener Volkswirtschaften gestaltet. Es geht dabei um die Konvertibilität, also die freie Austauschbarkeit von Währungen im grenzüberschreitenden Wirtschaftsverkehr, um die Abwägung zwischen festen und flexiblen Wechselkursen und um die institutionelle Ausgestaltung des Währungssystems. Im Idealfall einer freien Weltwirtschaft unterliegt der Austausch zwischen den Währungen, also zwischen inländischem und ausländischem Geld, keinen staatlichen Beschränkungen (volle Konvertibilität). Die internationale Arbeitsteilung kann sich dann zum Nutzen der beteiligten Volkswirtschaften voll entfalten. Beschränkte Konvertibilität äußert sich hingegen in Vorschriften wie diesen: Inländer dürfen keine ausländischen Zahlungsmittel (Devisen) besitzen, Devisen müssen an den Staat abgeliefert werden; Devisen für Gütereinfuhren werden vom Staat auf Antrag zugewiesen; es ist verboten, inländisches Geld ins Ausland zu bringen; der Erwerb inländischer Wertpapiere durch Ausländer (oder auch ausländischer Wertpapiere durch Inländer) ist genehmigungspflichtig. Wie im einzelnen die Regelungen auch aussehen mögen, damit immer verbunden sind: eine administrative Beschränkung der grenzüberschreitenden Wirtschaftstransaktionen, eine staatliche Bürokratie, die diese Beschränkungen überwacht und im Einzelfall Geschäfte genehmigt – und illegale Transaktionen, mit denen findige und mutige Leute die staatlichen Reglementierungen unterlaufen.

Zu Beschränkungen der Konvertibilität sieht sich der Staat aus Anlässen genötigt, die häufig Ausdruck der Schwäche einer Volkswirtschaft sind:

– Ein Land kann den Binnenwert seines Geldes nicht stabil halten. Die Menschen verlieren das Vertrauen in das eigene Geld und flüchten in stabiles ausländisches Geld. Der Staat verliert seinen Einfluß auf den heimischen Geldumlauf. Die naheliegende ›Lösung‹: Der Besitz ausländischen Geldes wird den Inländern verboten.

– Ein Land exportiert wenig, weil seine Produkte an den Weltmärkten nicht wettbewerbsfähig sind. Die im Export verdienten Devisen reichen nicht, um alle von der Bevölkerung gewünschten Importe ausländischer Güter zu bezahlen. In seiner Not führt der Staat eine Genehmigungspflicht für Importe ein. Genehmigt wird nur das, was die Regierung für ›wichtig‹ hält, und nur hierfür teilt der Staat Devisen zu.
– Die Sparer finden im Inland keine attraktiven Anlagemöglichkeiten, weil die Unternehmen unrentabel arbeiten und bereitgestelltes Kapital keine angemessene Verzinsung erbringt. Ersparnisse fließen auf der Suche nach attraktiven Renditen ins Ausland ab, und das Inland fällt weiter zurück. Dies versucht der Staat zu unterbinden, indem er den Erwerb ausländischer Wertpapiere durch Inländer verbietet oder genehmigungspflichtig macht.

Beschränkungen der Konvertibilität tragen, für sich genommen, nichts dazu bei, die Wettbewerbsschwäche einer Volkswirtschaft zu überwinden, im Gegenteil: Sie schirmen die heimische Wirtschaft vor ausländischer Konkurrenz ab; das fördert den Schlendrian und verringert den Anreiz, alles zur Verbesserung der Wettbewerbsfähigkeit zu tun. Darum aber – um die Herstellung der Wettbewerbsfähigkeit – muß es der Volkswirtschaft gehen. Denn beides bedingt sich gegenseitig: Konvertibilität steht nur auf einem soliden Fundament, wenn die Wirtschaft eines Landes im internationalen Wettbewerb mithalten kann. Aber umgekehrt wird eine Volkswirtschaft internationale Wettbewerbsfähigkeit auf die Dauer nur bewahren, wenn sie auf Beschränkungen der Konvertibilität verzichtet.

2. Flexible versus feste Wechselkurse

Der Wechselkurs einer Währung bildet sich am Devisenmarkt nach Angebot und Nachfrage (vgl. Kapitel IV.3.1). Wenn das Angebot an Dollar zunimmt, wird der Wechselkurs des Dollar sinken; wenn die Nachfrage nach Dollar zunimmt, wird der Wechselkurs des Dollar steigen. Veränderungen des Angebots oder der Nachfrage nach Devisen führen also zu Änderungen des Wechselkurses. Es liegt ein System flexibler Wechselkurse vor.

Nun können die Regierungen zweier oder mehrerer Länder beschließen, daß der Wechselkurs zwischen ihren Währungen einen bestimmten festen Wert haben soll (zum Beispiel 2,00 DM/Dollar). Den Zentralbanken wird die Aufgabe übertragen, Abweichungen des Wechselkurses vom festgelegten Wert zu verhindern. Das läßt sich durch Interventionen, das sind Ankäufe oder Verkäufe von Devisen durch die Zentralbank am Devisenmarkt, erreichen. Steigt das Dollarangebot und droht dadurch ein Wechselkursrückgang, so muß die Zentralbank das zusätzliche Angebot zum vorgegebenen Wechselkurs (im Beispiel: 2,00 DM/Dollar) kaufen; damit wird der Kursrückgang unterbunden. Die angekauften Devisen werden den Währungsreserven (Beständen an ausländischen Zahlungsmitteln bei der Zentralbank) zugefügt. Steigt hingegen die Nachfrage nach Dollar und droht dadurch ein Wechselkursanstieg, so muß die Zentralbank die zusätzliche Nachfrage befriedigen, indem sie Dollar aus ihren Währungsreserven zum vorgegebenen Wechselkurs (2,00 DM/Dollar) verkauft. Ein Kursanstieg des Dollar wird somit verhindert. Abweichungen zwischen dem Devisenangebot und der Devisennachfrage, die beim vorgegebenen Wechselkurs bestehen, werden also durch die Zentralbank ausgeglichen. Dadurch wird der Wechselkurs stabil gehalten. Es liegt ein System fester Wechselkurse vor.

Änderungen des Devisenangebots und der Devisennachfrage verändern im System flexibler Wechselkurse den Wechselkurs, lassen aber die Währungsreserven unverändert (da die Zentralbank weder Devisen ankauft noch verkauft). Im System fester Wechselkurse verändern sie den Bestand an Währungsreserven bei der Zentralbank (weil die Zentralbank im Rahmen ihrer Interventionen Devisen ankauft oder abgibt), lassen aber den Wechselkurs unverändert. Ob flexible oder feste Wechselkurse vorzuziehen sind, ist eine kontrovers diskutierte Frage. Drei Abwägungsprobleme stehen im Vordergrund: die Handlungsautonomie der Zentralbank, die Integrationswirkungen und die Abschottungswirkungen der beiden Wechselkurssysteme.

(a) Handlungsautonomie: Es geht um die faktische Handlungsautonomie der Notenbank (vgl. Kapitel V.5). Die Zentralbank mag von staatlichen Weisungen unabhängig sein, in einem System fester Wechselkurse kann sie ihren geldpolitischen Kurs dennoch nicht durchsetzen. Sie ist zu Interventionen an den

Devisenmärkten verpflichtet, kann also nicht selbst entscheiden, ob und wie viele Devisen sie ankauft oder verkauft. Die Interventionen richten sich allein danach, ob es zum vorgegebenen festen Wechselkurs eine Übernachfrage oder ein Überangebot an Devisen gibt. Jeder Ankauf von Devisen stellt aber eine Schaffung, jeder Verkauf eine Verringerung der Zentralbankgeldmenge dar (vgl. Kapitel V.4.1). Durch die Interventionen kommt es also zu Veränderungen der Zentralbankgeldmenge, die aus der Sicht der Zentralbank möglicherweise unerwünscht sind, die sie aber gleichwohl hinnehmen muß. Insoweit ist der Zentralbank bei festen Wechselkursen die faktische Kontrolle über die Zentralbankgeldmenge entzogen.

Allerdings kann die Zentralbank Effekte von Interventionen auf die Zentralbankgeldmenge neutralisieren. Muß sie zum Beispiel Devisen ankaufen (was für sich die Zentralbankgeldmenge ausweitet), könnte sie zur gleichen Zeit andere geldpolitische Instrumente kompensierend anwenden, beispielsweise die Refinanzierungskredite an die Kreditinstitute entsprechend einschränken (was für sich die Zentralbankgeldmenge senkt, vgl. Kapitel V.4.1). Eine solche ›Neutralisierungspolitik‹ mildert den Autonomieverlust, kann ihn aber nicht gänzlich aufheben. Schwierig wird es insbesondere, wenn sich die Interventionen in großen Beträgen wiederholen und dabei immer in eine Richtung weisen. Einem ständigen Devisenankauf etwa kann nicht permanent mit einem Abbau der Refinanzierungskredite begegnet werden, spätestens dann nicht mehr, wenn die Refinanzierungskredite auf Null gesunken sind.

Alles in allem ist ein System fester Wechselkurse für die faktische Autonomie der Zentralbank ungünstig. Bei flexiblen Kursen besteht hingegen keine Interventionspflicht, und die Zentralbank kann die Zentralbankgeldmenge nach eigenen Vorstellungen steuern. Wenn Länder ihre Währungen mit festen Wechselkursen verbinden, müssen sie in Kauf nehmen, daß die Handlungsautonomie der einzelnen nationalen Notenbanken eingeschränkt wird. Eine effektive Geldpolitik dann nicht mehr von den einzelnen nationalen Notenbanken unabhängig voneinander, sondern nur noch gemeinsam durchgeführt werden. Über das Wechselkurssystem entscheiden die Regierungen der beteiligten Länder, nicht die Zentralbanken. Damit entscheiden die Regierungen – auch wenn sie keine Weisungen an die Zentralbank geben dürfen – über die faktische Handlungsautonomie der Notenbanken mit.

(b) Integrationswirkungen: Für die Entfaltung der internationalen Arbeitsteilung durch einen dynamisch wachsenden internationalen Güter- und Kapitalaustausch – in diesem Sinne also die Integration der Volkswirtschaften – schafft das System flexibler Wechselkurse ungünstige Bedingungen. Jedweder Einfluß auf Devisenangebot und Devisennachfrage führt zu Schwankungen des Wechselkurses. Da sich die künftigen Kursbewegungen nur schwer, wenn überhaupt, voraussehen lassen, besteht ein beträchtliches Wechselkursrisiko, welches den internationalen Wirtschaftsverkehr behindert. Zwar herrscht auch in einem System fester Wechselkurse nie volle Sicherheit über die zukünftigen Kurse, denn gelegentlich werden die Kurse neu festgesetzt (Realignment). Doch sind die Wechselkursbewegungen bei flexiblen Kursen erfahrungsgemäß weit größer und unkalkulierbarer als in einem System fester Wechselkurse.

Wechselkursrisiken können durch Kurssicherungsgeschäfte verringert werden. Wer in einem Jahr eine Zahlung in fremder Währung zu leisten hat, kann die Ungewißheit über den in einem Jahr herrschenden Wechselkurs ausschalten, indem er beispielsweise ein Termingeschäft abschließt. Er vereinbart mit einem Kontraktpartner, daß dieser in einem Jahr die fremde Währung zu einem bereits heute festgelegten Kurs (dem ›Terminkurs‹) liefert. Solche Kurssicherungsgeschäfte verursachen Kosten. Bei flexiblen Wechselkursen wird der internationale Wirtschaftsverkehr mit Kurssicherungskosten belastet, die es bei festen Kursen nicht gibt.

(c) Abschottungswirkungen: Durch die internationale Verflechtung der Volkswirtschaften können wirtschaftliche Störungen aus dem Ausland auf das Inland übertragen werden. Ausländische Inflation schwappt auf das Inland über; eine Konjunkturschwäche im Ausland wirkt dämpfend auf die Wirtschaftsentwicklung im Inland. Es wäre ideal, wenn sich ein Land von Störeinflüssen aus dem Ausland abschotten könnte. Lange Zeit wurden die Abschottungswirkungen flexibler Wechselkurse sehr hoch eingeschätzt. Es zeigt sich jedoch, daß die Abschottungswirkung von der Art der Störung abhängt. Diese Aussage soll mit Hilfe des realen Außenwertes erläutert werden. Der reale Außenwert ist wie folgt definiert:

$$\text{realer Außenwert der D-Mark} = \frac{\text{Preisniveau in Deutschland}}{\text{Wechselkurse} \cdot \text{Preisniveau im Ausland}}$$

(In Kapitel IV.3.2 war der reale Außenwert bereits abgeleitet worden. Dort tauchte der nominale Außenwert auf. Dieser ist jedoch der Kehrwert aus den Wechselkursen gegenüber fremden Währungen, so daß wir den realen Außenwert auch so wie hier schreiben können.)

Eine ›Abschottung‹ liegt vor, wenn Auslandsstörungen durch Bewegungen der Wechselkurse so kompensiert werden, daß die inländischen Güterpreise und der reale Außenwert (und damit Produktion und Beschäftigung, welche unter anderem von Änderungen des realen Außenwertes beeinflußt werden) unverändert bleiben.

Als erstes sei eine Störung im Bereich der Gütermärkte, konkret: eine Zunahme der Auslandspreise, angenommen. Bei flexiblen Wechselkursen kann der Impuls ›abgefangen‹ werden. Sofern sich die Wechselkurse gerade in dem Maße verringern, wie die Auslandspreise steigen, spürt das Inland keine Auswirkungen (in der obigen Gleichung werden die steigenden Auslandspreise durch sinkende Wechselkurse kompensiert). Das inländische Preisniveau bleibt unverändert, Inflationsimport findet nicht statt. Auch der reale Außenwert bleiben unverändert, und somit gibt es keine Effekte auf Produktion und Beschäftigung. Bei festen Wechselkursen ist das anders. Hier wird der Wechselkurs durch die Zentralbanken festgehalten. Wenn jetzt die Auslandspreise steigen, zieht das entweder einen inländischen Preisanstieg nach sich, oder der reale Außenwert sinkt mit entsprechenden Produktions- und Beschäftigungswirkungen. Bei festen Wechselkursen führt der Störimpuls aus dem Ausland also zu binnenwirtschaftlichen Anpassungen, eine Abschottung gibt es nicht.

Als zweites sei eine Störungen im Bereich der Finanzmärkte angenommen. Im Ausland komme es zu einer Vertrauenskrise an den Kapitalmärkten mit der Folge, daß die Ausländer verstärkt Wertpapiere im Inland kaufen. Da sich die Ausländer inländischen Anlagen zuwenden, steigt das Devisenangebot mit dem Ergebnis, daß – bei flexiblen Wechselkursen – die Wechselkurse sinken. Das hat Folgen: Entweder steigt der reale Außenwert mit entsprechenden Beschäftigungswirkungen, oder es verändert sich das inländische Preisniveau. Die Auslandsstörung schlägt voll auf das Inland durch – nicht trotz, sondern gerade wegen der flexiblen Wechselkurse, da die Auslandsstörung über den Wechselkurses auf das Inland übertragen wird. Bei festen Wechselkursen wäre das nicht geschehen. Die Zentralbank des Inlands hätte das zusätzliche Devisenangebot der Ausländer angekauft. Der Wechselkurs wäre unverändert geblieben. Folglich hätten sich weder der reale Außenwert noch das inländische Preisniveau geändert. Der Störimpuls wäre bei festen Wechselkursen abgeschottet worden.

Nimmt man alles zusammen – die Handlungsautonomie, die Integrationswirkungen, die Abschottungswirkungen –, so läßt sich keine eindeutige Überlegenheit eines der Systeme fester oder flexibler Wechselkurse feststellen. Beide haben Vorteile und Nachteile. Länder, die auf die wirtschaftliche Integration Wert legen, werden zu festen Wechselkursen neigen. Flexible Kurse werden Länder vorziehen, denen es um ihre geldpolitische Handlungsautonomie geht.

3. Währungssysteme

3.1 Die Goldwährung

Das Zeitalter der Goldwährung endete im Jahre 1914. Trotzdem lohnt sich auch heute noch ein Blick auf dieses Währungssystem. Das Goldwährungssystem bildete sich – ohne besondere internationale Vereinbarungen – allmählich dadurch aus, daß immer mehr Länder zur Goldwährung übergingen (England 1821, das Deutsche Reich 1875, Japan und Rußland 1897, die Vereinigten Staaten offiziell 1900). Im Kern besteht eine Goldwährung aus drei Elementen:

– Die Währung wird durch den Goldgehalt definiert.
– Der internationale Austausch von Gold ist frei von staatlicher Reglementierung.
– Für die umlaufenden Banknoten wird eine bestimmte Golddeckungsquote vorgeschrieben.

Das erste und zweite Element stellen sicher, daß der Wechselkurs zwischen zwei Währungen fest bleibt. Das Goldwährungssystem ist also ein System fester Wechselkurse. Um die Wechselkurse zu stabilisieren, bedarf es jedoch keinerlei Interventionen durch die Notenbanken. Kursstabilisierung bewirkt hier allein die Goldarbitrage.

Ein Beispiel: Für die Mark sei ein Goldgewicht von 0,4 g, für den Dollar ein Goldgewicht von 1,6 g festgesetzt. Aus diesen beiden Werten ergibt sich die Goldparität. Ein Dollar ist 4 Mark wert. An den Devisenmärkten, wo Dollar gegen Mark gehandelt werden, kann je nach Angebot und Nachfrage ein anderer Wechselkurs herrschen. Beispielsweise koste dort ein Dollar 4,10 Mark. Der Unterschied zwischen Goldparität und Wechselkurs löst eine Goldarbitrage aus. Händler kaufen für 4 Mark bei der deutschen Notenbank Gold, transferieren es nach Amerika und tauschen es bei der dortigen Zentralbank gegen 1 Dollar ein. Den Dollar verkaufen sie am Devisenmarkt zum Wechselkurs von 4,10 Mark. Gewinn bei diesem Geschäft (wenn man von den Versandkosten für das Gold absieht): 0,10 Mark. Diesen Gewinn möchten viele machen. Die Goldarbitrage schwillt an. Das Dollarangebot am Devisenmarkt steigt. Dadurch sinkt der Wechselkurs des Dollar – und zwar bis auf 4 Mark, also bis zur Goldparität. Dann lohnt sich Arbitrage nicht mehr. Berücksichtigt man die Kosten für den Versand des Goldes zwischen den Ländern, kommt Arbitrage erst in Gang, wenn der Wechselkurs um mehr als die Versandkosten von der Goldparität abweicht. Diese Abweichungen sind der obere und der untere Goldpunkt. Innerhalb der geringfügigen Spanne der Goldpunkte kann der Wechselkurs von der Goldparität abweichen.

Im Goldwährungssystem trägt der Goldautomatismus zur Stabilisierung des Preisniveaus und damit des Binnenwertes einer Währung bei. Das ergibt sich aus dem zweiten und dritten Element. Ein Beispiel: In Deutschland steigen die Preise im Vergleich zu denen in Amerika beschleunigt an. Die daraufhin anschwellenden deutschen Güterimporte aus Amerika lösen eine zunehmende Nachfrage nach Dollar aus, was am Devisenmarkt den Wechselkurs des Dollar nach oben treibt (zum Mechanismus vgl. Abbildung 8). Der Wechselkurs übersteigt die Goldparität. Weit kommt er aber nicht, denn sofort setzt die Goldarbitrage ein. Gold fließt aus Deutschland ab. Die deutsche Notenbank muß reagieren. Da der Banknotenumlauf aufgrund der

Deckungsvorschriften an den Goldbestand gebunden ist, muß die Notenbank durch eine restriktive Geldpolitik den Banknotenumlauf verringern, bis er dem (durch die Goldabflüsse verringerten) Goldbestand entspricht. Damit sinkt in Deutschland die Geldmenge. Jetzt ist nur noch die Quantitätstheorie (Kapitel III.3.1) ins Spiel zu bringen: Die Verringerung der Geldmenge dämpft den Preisauftrieb. Die ursprüngliche Preissteigerung in Deutschland löst also Anpassungen aus, die zu einer Dämpfung der Preissteigerung führen.

Die beteiligten Notenbanken müssen sich bei alledem an die Spielregeln des Goldwährungssystems halten. Goldzuflüsse und Goldabflüsse werden nicht durch administrative Maßnahmen verhindert. Die Golddeckungsvorschriften für die inländische Geldmenge werden eingehalten. Wo Gold abfließt, muß die Geldpolitik restriktiv geführt werden (Geldmenge reduzieren), wo es zufließt, muß sie expansiv werden (Geldmenge erhöhen). Im Ergebnis kommt es so zu einem abgestimmten Verhalten der Notenbanken, ohne daß sie irgendwelche Konsultationen vornehmen müßten.

Ein Währungssystem, das Binnenwert und Außenwert der Währungen stabil hält – was könnte es besseres geben. Es mag verwundern, daß das Goldwährungssystem nicht schnellstens wieder eingeführt wird. Doch es ist nicht alles Gold, was glänzt. Eine Lösung für die Stabilitätsprobleme in der Welt stellt die Goldwährung nicht (mehr) dar. Problematisch ist die Bindung der *Geld*versorgung an die Zufälligkeiten der *Gold*produktion. Wenn der Geldbedarf in einer dynamischen Weltwirtschaft schneller wächst, als die Goldproduktion ausgeweitet werden kann, kommt es bei gegebener Golddeckungsquote zu einer Verknappung von Geld. Die Entfaltung der Weltwirtschaft wird behindert. Zwar könnte man die Golddeckungsquoten reduzieren, aber das würde die Goldwährung aushöhlen. Auch die umgekehrte Entwicklung ist möglich. Plötzlich werden umfangreiche Goldfunde gemacht. Sie ermöglichen eine rasche Ausweitung der Geldmenge, die leicht über die Zunahme der Geldnachfrage hinausgeht. Die Folge ist ein inflationärer Preisauftrieb. Die Bindung des Geldes an ein Metall ist überholt. Für den Werterhalt des Geldes kommt es nicht darauf an, daß die umlaufende Geldmenge durch irgendein Metall ›gedeckt‹ ist. Entscheidend ist nur, daß die Geldmenge von der Zentralbank nicht schneller ausgeweitet wird, als die gesamtwirtschaftliche Produktion bei stabilem Preisniveau steigt (vgl. Kapitel V.3.1).

Probleme für die Goldwährung bereitet der internationale Kapitalverkehr, denn dadurch werden die grenzüberschreitenden Goldbewegungen eingeschränkt. Ein Goldabfluß aus Deutschland erzwingt – wie geschildert wurde – eine restriktive Geldpolitik; das führt zu steigenden Zinsen. Zinsanhebungen locken Kapital aus dem Ausland an, das auf feste Wechselkurse vertraut und von den gestiegenen deutschen Zinsen profitieren will. Sowie aber Kapital nach Deutschland fließt, wird der Goldabfluß gebremst, möglicherweise kommt es sogar zu einem Goldzufluß. Das unterminiert das zentrale Bindeglied des Goldautomatismus, nämlich die Verbindung von Preissteigerungen im Inland mit Goldabflüssen. Der internationale Kapitalverkehr hat heute ein so großes Ausmaß erreicht, daß für ein verläßliches Wirken des Goldautomatismus keine Chance mehr bestünde.

Schließlich wird der Goldautomatismus an der Vorsicht der Notenbanken scheitern. Wenn in Deutschland für 100 Mark Gold abfließt und die Deckungsquote für den Geldumlauf ein Drittel beträgt, so muß die Geldmenge um 300 Mark reduziert werden. Im Umfang der Differenz von 200 Mark müßte die Notenbank also ihre sonstigen Aktiva reduzieren. Sie wird versuchen, durch eine Anhebung der Refinanzierungszinsen eine Verringerung der Refinanzierungskredite an die Geschäftsbanken zu erreichen (vgl. Kapitel V.4). Was geschieht aber, wenn die Geschäftsbanken ihre Refinanzierung trotz der erhöhten Zinsen nicht reduzieren? Dann hat die Notenbank ein Problem: Sie kann die Golddeckungsvorschrift nicht einhalten. Um dieser Gefahr zu entgehen, wird sie vorsichtigerweise eine Überdeckung an Gold halten. Wenn es dann zu Goldabflüssen kommt, wird einfach der Goldüberschuß abgebaut; die Deckungsvorschriften bleiben weiter eingehalten. Nur, auf diese Weise wird die Verknüpfung zwischen dem Goldbestand und der Geldmenge entscheidend abgeschwächt.

3.2 Das System von Bretton-Woods

Das Währungssystem der Nachkriegszeit wurde im Juli 1944 in Bretton-Woods (USA) mit dem ›Abkommen über den Internationalen Währungsfonds‹ (IWF) aus der Taufe gehoben (›Bretton-Woods-System‹). Es trat am 27. Dezember 1945 in Kraft; Deutschland ist seit 1952 Mitglied des IWF. Das System funktionierte zwanzig Jahre gut, bis es 1973 zusammenbrach. Seither gibt es kein einheitliches Weltwährungssystem mehr, sondern nur eine Fülle der unterschiedlichsten Regelungen.

Wenden wir uns dem Bretton-Woods-System zu (einige Bestimmungen sind in dem Kasten ›Regelungen zum internationalen Währungssystem‹ wiedergegeben). Vier Merkmale sind hervorzuheben:

Erstens: Die Mitgliedsländer verpflichteten sich auf die Konvertibilität ihrer Währungen (Artikel VIII 2 a). Darin lag eine entscheidende Voraussetzung für die dynamische Entwicklung des Welthandels in der Nachkriegszeit. Deutschland ging im Dezember 1958 zur vollen Konvertibilität über.

Zweitens: Das Bretton-Woods-System war ein System fester Wechselkurse. Jedes Mitglied drückte die Parität seiner Währung in Gold oder in US-Dollar aus (Artikel IV 1 a). Dem Gold als Bezugsgröße wurde also eine nationale Währung, der US-Dollar zugesellt. Solange die Vereinigten Staaten die Einlösung von Dollar in Gold zum festen Preis von 35 Dollar je Unze Gold garantierten (sie taten es bis August 1971), war der Besitz von Dollar so gut wie der von Gold. Die Wechselkurse durften von der Parität nur in einer geringen Bandbreite, nicht mehr als 1 Prozent, abweichen (Artikel IV 3). Die Einhaltung der vereinbarten Wechselkurse war durch Interventionen der Notenbanken zu sichern. Mit der Entscheidung für feste Wechselkurse wurde die Integration der Weltwirtschaft begünstigt.

Drittens: Änderungen der Wechselkurse waren möglich, sollten aber nur auf grundlegende Störungen beschränkt bleiben und nur im Einvernehmen mit dem IWF vorgenommen werden (Artikel IV 5 a). Damit wurde der Wille zur Verteidigung fester Wechselkurse ebenso unterstrichen, wie sich die Mitgliedsländer zu währungspolitischer Kooperation statt Alleingängen verpflichteten.

Viertens: Jedes Mitglied konnte sich beim IWF finanzielle Hilfe beschaffen (Artikel V 3 a). Durch diese Hilfen wurde die Gefahr verringert, daß ein in Zahlungsbilanzschwierigkeiten geratenes Land letztlich keinen anderen Ausweg mehr als die Beschränkung der Konvertibilität sah. Auch wurde Spekulationen auf Abwertungen einzelner Währungen entgegengewirkt, denn mit dem Rückgriff auf finanzielle Hilfen ließen sich Interventionen an den Devisenmärkten wirkungsvoller durchführen.

Das System von Bretton-Woods hat sich in der Nachkriegszeit gut bewährt, jedenfalls nahm der Welthandel zum Vorteil der beteiligten Länder rasant zu. Dennoch hat es in der ursprünglichen Form nicht überlebt. Ein wichtiger Grund war das Leitwährungsdilemma. Der Dollar war die Leitwährung, wurde also von den anderen Ländern (neben Gold) als Währungsreserve gehalten. Einerseits mußten die Vereinigten Staaten ein Defizit in ihren internationalen Handels- und Kapitaltransaktionen (also in ihrer Zahlungsbilanz) haben, damit genügend Dollar für die Aufstockung der Währungsreserven der Partnerländer bereitstanden; andererseits gerät ein Land mit einem anhaltenden Zahlungsbilanzdefizit allmählich in Mißkredit (weil es offensichtlich ›über seine Verhältnisse‹ lebt). Das Vertrauen in die Solidität der Leitwährung schwindet. Zudem wuchsen die Dollarbestände der Notenbanken außerhalb der Vereinigten Staaten bald über die amerikanischen Goldbestände hinaus, so daß die im IWF-Abkommen vorgesehene Konvertibilität der Dollar in Gold gefährdet war. Als die Vereinigten Staaten die Goldkonvertibilität des Dollar im August 1971 schließlich aufheben mußten, war das Ende des Bretton-Woods-System eingeläutet. Endgültig beendet war es, als die EG-Länder im März 1973 zum gemeinsamen Floating gegenüber dem Dollar übergingen und somit das System fester Paritäten durch ein System flexibler Wechselkurse ersetzten.

Neben dem Leitwährungsdilemma hat das Bretton-Woods System noch ein anderes Problem deutlich gemacht: die Notwendigkeit realwirtschaftlicher Anpassungen. Wenn sich – bei festen Wechselkursen – beträchtliche Ungleichgewichte in den Handelströmen herausbilden, einige Länder chronische Handelsüberschüsse, andere chronische Handelsdefizite erzielen, gerät das System ins Wanken. Die Defizitländer geraten unter Abwertungsdruck, die Überschußländer unter Aufwertungsdruck. Das löst Spekulationen auf Wechselkursänderungen aus und trägt Unruhe in das Wechselkurssystem. Wirksam vermeiden läßt sich das nur dadurch, daß die Länder mit geeigneten binnenwirtschaftlichen Mitteln – gegebenenfalls unter Zuhilfenahme von Paritätsänderungen – auf eine Beseitigung der außenwirtschaftlichen Ungleichgewichte hinwirken. Geschieht das nicht oder gelingt es nicht, wird den festen Wechselkursen auf die Dauer die Grundlage entzogen. Auch daran ist Bretton-Woods gescheitert.

Mit der 1978 vorgenommenen Änderung des Abkommens über den IWF ist das Ende des ursprünglichen Systems von Bretton-Woods besiegelt worden. Eine radikale Änderung betrifft das Gold: Es spielt für das Währungssystem keine offizielle Rolle mehr. Weder ist es noch Bezugsgröße für die Währungsparitäten, noch gibt es einen offiziellen Goldpreis, zu dem die Währungsbehörden untereinander Goldtransaktionen vornehmen können. Damit ist ein entscheidender Schritt zur ›Demonetisierung‹ des Goldes (Aufhebung aller Funktionen des Goldes im Rahmen des internationalen Währungssystems) getan. Gold ist letztlich nur ein Metall wie jedes andere. Das schließt nicht aus, daß Notenbanken wie die Deutsche Bundesbank, die noch über bedeutende Goldbestände verfügen, diese zu ihren offiziellen Währungsreserven zählen. Denn man kann Goldbestände am Weltmarkt zu einem Preis, der sich nach Angebot und Nachfrage regelt, verkaufen. Die andere radikale Änderung des IWF-Abkommens betrifft den Wechselkurs. Statt der ursprünglichen Verpflichtung, feste Wechselkurse einzuhalten, steht es jetzt jedem Mitglied frei, beliebige Wechselkursregelungen zu treffen (vgl. Kasten ›Regelungen zum internationalen Währungssystem‹, Artikel IV 2 b). Allerdings sind Manipulationen der Wechselkurse zu unterlassen, die andere Mitgliedsländer schädigen können (Artikel IV 1). Und die Verpflichtung zur vollen Konvertibilität bleibt auch erhalten.

Von der Vielfalt des heutigen Währungssystems zeugen die folgenden Daten: Ende Juni 1992 zählten von insgesamt 158 Währungen 81 zur Kategorie ›Währung mit Bindung an andere Währungen oder Währungskörbe‹ (also mit festen Wechselkursen), 15 zur Kategorie ›Währungen mit begrenzter Flexibilität‹ (einschließlich gemeinschaftlicher Wechselkursregelungen) und 62 zur Kategorie ›Währungen mit größerer Flexibilität‹. Die D-Mark realisiert gegenüber den Partnerländern im Europäischen Währungssystem feste Wechselkurse, gegenüber anderen Währungen wie dem US-Dollar und dem japanischen Yen flexible Kurse.

Regelungen zum internationalen Währungssystem

Abkommen über den Internationalen Währungsfonds
(vor 1978)

Artikel IV: Währungsparitäten
Abschnitt 1. Maßstab der Paritäten
(a) Der Paritätswert der Währung jedes Mitglieds wird in Gold als gemeinsamer Maßstab oder in US-Dollar im Gewicht und in der Feinheit vom 1. Juli 1944 ausgedrückt. ...
Abschnitt 3. Devisengeschäfte auf der Grundlage der Parität
Die Höchst- und Mindestkurse für Devisengeschäfte zwischen Mitgliedern, die innerhalb ihrer Gebiete vorgenommen werden, dürfen von der Parität nicht abweichen (i) im Fall von Kassageschäften um mehr als 1% und (ii) ... .
Abschnitt 5. Änderung der Parität
(a) Ein Mitglied soll nicht eine Änderung der Parität seiner Währung vorschlagen, es sei denn, um eine grundlegende Störung des Gleichgewichts zu beheben. ...

(ab 1978)
Artikel IV: Verpflichtungen auf dem Gebiet der Wechselkursregelungen
Abschnitt 1 Allgemeine Verpflichtungen der Mitglieder
...Insbesondere wird jedes Mitglied ...(iii) Manipulationen der Wechselkurse oder des internationalen Währungssystems mit dem Ziel, eine wirksame Zahlungsbilanzanpassung zu verhindern oder einen unfairen Wettbewerbsvorteil gegenüber anderen Mitgliedern zu erlangen, vermeiden und (iv) ... .
Abschnitt 2 Allgemeine Wechselkursregelungen
...(b) Im Rahmen eines internationalen Währungssystems der am 1. Januar 1976 bestehenden Art sind unter anderem folgende Wechselkursregelungen zulässig: ... oder (iii) andere Wechselkursregelungen nach Wahl des Mitglieds. ...

(ab 1978, zuvor ähnliche Bestimmung)
Artikel V Operationen und Transaktionen des Fonds
Abschnitt 3 Bedingungen für die Inanspruchnahme der allgemeinen Fondsmittel
...(b) Ein Mitglied ist unter folgenden Bedingungen berechtigt, vom Fonds gegen Zahlung eines entsprechenden Betrags in seiner Währung die Währungen anderer Mitglieder zu kaufen: ... (ii) das Mitglied legt dar, daß dieser Kauf wegen seiner Zahlungsbilanz- oder Reservesituation oder wegen der Entwicklung seiner Reserven erforderlich ist; ...

(ab 1978, zuvor ähnliche Bestimmung)
Artikel VIII Allgemeine Verpflichtungen der Mitglieder
...

Abschnitt 2 Vermeidung von Beschränkungen laufender Zahlungen
(a) ...darf ein Mitglied nicht ohne Zustimmung des Fonds Zahlungen und Übertragungen für laufende internationale Geschäfte Beschränkungen unterwerfen. ...

Abkommen zwischen den Zentralbanken der Mitgliedstaaten der Europäischen Wirtschaftsgemeinschaft über die Funktionsweise des Europäischen Währungssystems
(Präambel)
... , daß eine Europäische Währungseinheit (ECU) das zentrale Element des Europäischen Währungssystems darstellt ...

Regelungen zum internationalen Währungssystem
... – hat jede Währung einen ECU-bezogenen Leitkurs; diese Leitkurse dienen zur Festlegung eines Gitters bilateraler Leitkurse – werden Bandbreiten von 2,25% auf beiden Seiten dieser bilateralen Leitkurse festgelegt; ... **I. Wechselkursmechanismus** ... **Artikel 2 – Interventionsregeln** ... 2.2. Die Interventionen erfolgen grundsätzlich in den Währungen der teilnehmenden Zentralbanken. Diese Interventionen sind zu den obligatorischen Interventionskursen unbeschränkt. ... **II. Die sehr kurzfristige Finanzierung** **Artikel 6 – Grundsatz** 6.1 Um Interventionen in Gemeinschaftswährungen zu ermöglichen, eröffnen sich die beteiligten Zentralbanken gegenseitig sehr kurzfristige Kreditfazilitäten in unbegrenzter Höhe ...

3.3 Das Europäische Währungssystem

Das Europäische Währungssystem (EWS) ist am 13. März 1979 in Kraft getreten. Das EWS soll ›zu einer engeren währungspolitischen Zusammenarbeit mit dem Ziel einer Zone der Stabilität in Europa führen‹, wie es in dem Abkommen der europäischen Zentralbanken zum EWS heißt. Es handelt sich um ein System fester Wechselkurse; die Kurse können nur innerhalb enger Bandbreiten schwanken. Paritätsänderungen sind aber grundsätzlich möglich. Bezugsgröße für die Wechselkurse ist weder das Gold noch der Dollar oder eine andere Währung, sondern die Europäische Währungseinheit (ECU).

Die ECU ist ein Währungskorb. In diesem Korb sind die Währungen sämtlicher Mitgliedsländer der EG zusammengefaßt, und zwar mit bestimmten Beträgen. Von der D-Mark sind in dem Korb zum Beispiel 0,6242 DM enthalten (vgl. zum Folgenden Tabelle 3). Rechnet man die einzelnen Währungsbeträge mit den aktuellen Devisenkursen in D-Mark um und addiert man sie dann, so erhält man den Wert einer ECU in D-Mark. So entsprach am 13. November 1992 der Wert der ECU 1,96895 DM. Analog lassen sich die Werte einer ECU in Einheiten der anderen Währungen berechnen. Aus dem DM-Wert der ECU und dem DM-Betrag im Korb kann schließlich der prozentuale Anteil der

D-Mark im Währungskorb errechnet werden. Er lag am 13. November 1992 bei 32 Prozent (100 · 0,6242/1,96895). Die Gewichte der einzelnen Währungen sind, wie die Tabelle zeigt, unterschiedlich. Sie sollen grundsätzlich die wirtschaftliche Größe der jeweiligen Volkswirtschaft und die Bedeutung ihrer Währung im internationalen Handel widerspiegeln. Nach so vielen ›technischen‹ Erläuterungen sollte folgendes klar geworden sein: Die ECU ist ein Währungskorb, in dem Beträge der europäischen Währungen entsprechend der wirtschaftlichen Größe ihrer Länder enthalten sind.

Die ECU wird als Bezugsgröße für den Wechselkursmechanismus verwendet. Die Mitgliedsländer legen Leitkurse ihrer Währungen in ECU fest (vgl. Kasten ›Regelungen zum internationalen Währungssystem‹). Aus den Leitkursen zweier Währungen läßt sich dann der bilaterale Leitkurs dieser Währungen errechnen. Beispielsweise wurden am 17. September 1992 folgende Leitkurse festgelegt: für die D-Mark 2,03412 DM/ECU, für den französischen Franc 6,82216 FF/ECU. Daraus ergibt sich ein bilateraler Leitkurs zwischen D-Mark und Franc von 0,298164 DM/FF (=2,03412/6,82216). Analog lassen sich die bilateralen Leitkurse zwischen den übrigen Währungen errechnen.

Um den bilateralen Leitkurs wird ein ›Kursband‹ gelegt, und zwar auf beiden Seiten von 2,25 Prozent. Für den französischen Franc betragen (ab 17. September 1992) der Höchstkurs 0,30495 DM/FF und der Niedrigstkurs 0,2915 DM/FF. Höchst- und Niedrigstkurse sind die obligatorischen Interventionskurse. Am Devisenmarkt bildet sich täglich ein Wechselkurs für den Franc entsprechend Angebot und Nachfrage. Solange dieser Wechselkurs innerhalb der durch die Interventionskurse festgelegten Bandbreite bleibt, brauchen die Zentralbanken nicht einzugreifen. Droht der Kurs jedoch aus dem Band zu rutschen – also den Höchstkurs zu überschreiten bzw. den Niedrigstkurs zu unterschreiten –, dann müssen die Zentralbanken intervenieren. Indem sie am Devisenmarkt Franc anbieten (D-Mark nachfragen) oder Franc nachfragen (D-Mark anbieten), halten sie den Wechselkurs im Band. Interveniert wird grundsätzlich in den Währungen der teilnehmenden Zentralbanken. Die Interventionen sind obligatorisch und unbeschränkt. Mitunter intervenieren die Zentralbanken auch dann schon, wenn der Wechselkurs zwar noch innerhalb des Bandes liegt (intramarginale Interventionen), aber zu befürchten ist, daß er alsbald an die Interventionspunkte rutschen könnte. Dem soll vorgebeugt werden.

Tabelle 3: Zusammensetzung des ECU-Währungskorbes

Zusammensetzung des ECU-Währungskorbes			
Nationale Währungsbeträge seit dem 21. September 1989		Tageswert am 13. Nov. 1992 (1 ECU = ... Währungseinheiten)	Anteil der Währung im Korb in Prozent
0,6242	Deutsche Mark	1,96895	31,7
0,08784	Pfund Sterling	0,812486	10,8
1,332	Französischer Franc	6,64128	20,1
151,8	Italienische Lira	1682,47	9,0
0,2198	Holländischer Gulden	2,21523	9,9
3,301	Belgischer Franc	40,4847	8,2
0,130	Luxemburgischer Franc	40,4847	0,3
0,1976	Dänische Krone	7,55665	2,6
0,008552	Irisches Pfund	0,743321	1,2
1,440	Griechische Drachme	255,725	0,6
6,885	Spanische Peseta	140,930	4,9
1,393	Portugiesischer Escudo	174,831	0,8
Quelle für Grundzahlen: Deutsche Bundesbank			

In einem System fester Wechselkurse muß dafür gesorgt werden, daß den Zentralbanken für die gegebenenfalls erforderlichen Interventionen nicht die Mittel ausgehen. Zu diesem Zweck räumen sich die Zentralbanken kurzfristige Kreditfazilitäten in unbegrenzter Höhe ein. Muß beispielsweise die Deutsche Bundesbank einen Kursanstieg des französischen Franc durch Franc-Verkäufe verhindern, hat sie aber nicht genügend Franc in ihren Währungsreserven, so kann sie sich die benötigten Franc bei der französischen Zentralbank beschaffen. Die aufgenommenen Währungskredite müssen zurückgezahlt werden.

Ist eine Währung dauerhaft schwach, muß sie also über einen längeren Zeitraum und mit großen Beträgen durch Abgabe fremder Währungen gestützt werden, ist das ein Indiz dafür, daß die Leitkurse nicht mehr ›stimmen‹. Es sind dann gegebenenfalls Leitkursanpassungen (Realignments) erforderlich. Die Regierungen der beteiligten Länder müssen dann entscheiden, für welche Währungen die ECU-bezogenen Leitkurse herabgesetzt (Aufwertung der Währung) bzw. heraufgesetzt werden (Abwertung der Währung). Seit Bestehen des EWS bis Ende 1992 sind die Leitkurse vierzehn Mal angepaßt worden. Bemerkenswert war jedoch eine fast sechsjährige Phase (vom 12.1.1987 bis zum 14.9.1992), in der die Leitkurse unverändert blieben. Das EWS ist tatsächlich zu einem Festkurssystem geworden.

Beurteilt man das EWS nach seinen Integrationseffekten, so fällt das Urteil positiv aus. Der Handel der europäischen Länder untereinander ist in den achtziger Jahren viel stärker gewachsen als der Handel mit anderen Ländern. Stabile Wechselkurse haben das begünstigt. Innerhalb Europas sind Kapitalverkehrsbeschränkungen weitgehend abgebaut worden; die Konvertibilität ist hergestellt. Anfängliche Befürchtungen, das EWS würde zwar eine Zone stabiler Wechselkurse aber beschleunigter Preissteigerungen werden, haben sich nicht bewahrheitet. Im Verlauf der achtziger Jahre bis in die neunziger Jahre hinein ist die durchschnittliche Inflationsrate im EWS deutlich gesunken. Das EWS wurde zu einer Stabilitätsgemeinschaft. Dennoch steht nicht alles zum besten. Das Festkurssystem kann dauerhaft nur erhalten bleiben, wenn den Teilnehmerländern die realwirtschaftliche Anpassung gelingt. Die Währungen von Ländern, die im Vergleich zu ihren Partnern eine deutlich überdurchschnittliche Inflationsrate haben, hohe Staatsdefizite aufweisen und chronische oder steigende Handelsdefizite haben, werden immer zur Schwäche neigen. Von den auftretenden Schwierigkeiten zeugen Entwicklungen, die mit dem Sinn und Zweck des EWS eigentlich nicht vereinbar sind: Für einige Währungen werden breitere als die normalen Bandbreiten in Anspruch genommen; immer wieder scheiden einzelne Währungen aus dem Festkurssystem aus und gehen – wenn auch meist nur vorübergehend – zum Floaten über; gelegentlich ziehen Länder bei währungspolitischen Problemen die ›Notbremse‹ und beschränken doch den freien Kapitalverkehr. Werden die fundamentalen Ursachen für Wechselkursturbulenzen nicht beseitigt, können auch feste Wechselkurse auf die Dauer nicht gehalten werden. Ein Festkurssystem fordert Disziplin: den Kosten- und Preisauftrieb dämpfen, das staatliche Budgetdefizit eng begrenzen, die Handelsbilanz ins Lot bringen.

Systeme fester Wechselkurse stellen für die Zentralbanken einen Autonomieverlust dar, weil sie im Fall obligatorischer Interventionen nicht mehr eigenständig ihre Geldmenge steuern können (vgl. Kapitel VI.2). Dies trifft auch für die Zentralbanken der EWS-Mitglieder zu – aber in unterschiedlichem Ausmaß. Die Deutsche Bundesbank als die Zentralbank der größten europäischen Volkswirtschaft mit der in den achtziger Jahren stärksten Währung im EWS kann eine weitgehend autonome Geldpolitik betreiben. Die anderen Zentralbanken, insbesondere die der kleineren Länder, haben hingegen kaum eine andere Wahl, als der deutschen Geldpolitik zu folgen. Erhöht die Bundesbank die Refinanzierungszinsen, werden die anderen Zentralbanken im allgemeinen folgen. Aber diese Konstellation ist problematisch. Die Bundesbank orientiert sich bei ihren geldpolitischen Maßnahmen an den binnenwirtschaftlichen Erfordernissen Deutschlands. Wäre aus der Sicht der Partnerländer ein anderer geldpolitischer Kurs erforderlich, den sie aber gegen die dominante Bundesbank nicht durchsetzen können, sind Konflikte programmiert. Auf die Dauer wird sich das EWS nur halten lassen, wenn den Partnerländern mehr Einfluß auf den geldpolitischen Kurs in Europa eingeräumt wird.

4. Auf dem Wege zur Europäischen Währungsunion

Europa hat einen historischen Schritt vor: Spätestens zum Jahre 1999 sollen die nationalen Geldsysteme durch eine Europäische Währungsunion abgelöst werden. So jedenfalls ist es im Vertrag von Maastricht vorgesehen, der am 7. Februar 1992 beschlossen wurde. Inhaltlich umfaßt die Einführung der Europäischen Währungsunion zwei bedeutende Schritte:

– Die nationalen Währungen in Europa werden abgeschafft und durch eine einheitliche, europaweit gültige Währung (ECU) ersetzt. Die künftige ECU wäre kein Währungskorb mehr wie die ECU des derzeitigen EWS, sondern eine ›echte‹ Währung wie heute die D-Mark oder der Franc. Zwischen den Teilnehmerstaaten bedarf es dann keinerlei Wechselkursarrangements mehr – denn sie haben nur noch eine einzige gemeinsame Währung.

– Die geldpolitischen Kompetenzen der nationalen Notenbanken werden aufgehoben. An ihre Stelle rückt eine gemeinsame Europäische Zentralbank, die die gemeinsame europäische Währung emittiert und für die Geldpolitik in Europa verantwortlich ist. Praktisch wird also die Europäische Zentralbank im ECU-Währungsraum Europa so tätig sein wie heute die Deutsche Bundesbank im D-Mark-Währungsraum Deutschland.

Viele Menschen verbinden mit der Europäischen Währungsunion Sorgen. Besondes in Deutschland wird befürchtet, daß die künftige europäische Währung weniger stabil sein könnte als die D-Mark, weil sich die Europäische Zentralbank zu einer laxen Geldpolitik entschließen könnte. Das ist eine Frage der institutionellen Regelungen und ihrer Anwendung. Was die Regelungen angeht, also das Statut der Europäischen Zentralbank, sind diese Sorgen unbegründet. In diesem Statut sind Grundsätze festgeschrieben worden, die sich in Deutschland bewährt und die Stabilität der D-Mark mitbegründet haben (u. a. Weisungsunabhängigkeit, Verbot von Zentralbankkrediten an den Staat, ausschließliche Verpflichtung der Zentralbank auf die Geldwertstabilität). Was die Anwendung angeht, sind Aussagen nicht möglich, denn ob die Verantwortlichen der künftigen europäischen Zentralbank ausgeprägten stabilitätspolitischen Ehrgeiz mitbringen, kann sich erst in der geldpolitischen Praxis zeigen. Daß die Europäische Zentralbank stabilitätspolitische Reputation erst erwerben muß, berechtigt nicht, ihr bereits im vorhinein den stabilitätspolitischen Willen abzusprechen.

Eine andere Sorge bezieht sich auf die Kosten einer Europäischen Währungsunion. Länder, deren Wirtschaftskraft hinter den anderen zurückgeblieben ist, können nicht mehr mit Hilfe einer Abwertung ihren Export stimulieren und damit ihre wirtschaftliche Lage verbessern; denn die einheitliche Währung schließt Wechselkursänderungen aus. Um diesen Ländern den Aufholprozeß zu erleichtern, würden – so die Sorge – massive Transferzahlungen notwendig sein, die die wirtschaftlich stärkeren Länder aufzubringen hätten. In der Tat würde es die Europäische Währungsunion diskreditieren, wenn sie zu einer ›Umverteilungsunion‹ würde. Doch spricht dieses Argument nicht gegen die Europäische Währungsunion als solche. Es begründet aber die Forderung, daß in die Währungsunion nur solche Länder aufgenommen werden, deren wirtschaftliche Leistungskraft es erlaubt, auf das Instrument der Abwertung zu verzichten.

Welche Kritik an der Europäischen Währungsunion man sich auch vorstellen kann, welche Verzögerungen auf dem Weg dahin es geben mag: Es muß klar sein, daß die Integration auf den europäischen Güter- und Kapitalmärkten auf die Dauer auch eine währungspolitische Integration erfordert. Es geht jetzt darum, die europäische Währungsordnung für die ersten Jahrzehnte des nächsten Jahrhunderts zu konzipieren. Die europäischen Gütermärkte wachsen immer mehr zusammen. Bald wird man nicht mehr von einem deutschen, französischen und spanischen Automobilmarkt sprechen, sondern nur noch von einem europäischen Automobilmarkt. Immer mehr werden Unternehmen mit Zweigwerken, die überall in Europa verstreut liegen, in die europäische Dimension hineinwachsen. Statt nationaler Kapitalmärkte wird es nur noch einen europäischen Kapitalmarkt geben. Dieser Prozeß der Integration ist mit der Gründung der Europäischen Gemeinschaft eingeleitet worden, und er wird sich in den nächsten Jahrzehnten weiter fortsetzen. Die europäischen Länder werden wirtschaftlich immer mehr zu Teilregionen in der europäischen Volkswirtschaft werden, wie heute die deutschen Bundesländer Teilregionen in der deutschen Volkswirtschaft sind. Mehr und mehr wird Europa zu einem einheitlichen Wirtschaftsraum werden. Da wäre es ein Anachronismus, wenn man im Bereich der Währungspolitik an nationalen Währungen, wohlmöglich noch mit der Möglichkeit von Wechselkursänderungen festhielte. Jeder fände es absurd, wenn heute Hessen, Sachsen-Anhalt oder Nordrhein-Westfalen auf die Idee kämen, in ihrem Land eine eigene Zentralbank zu errichten und eine eigene Währung einzuführen. Ebenso absurd wäre es, dem zusammengewachsenen Europa die gemeinsame Währung vorzuenthalten.

Literaturangaben

Deutsche Bundesbank: Internationale Organisationen und Gremien im Bereich von Währung und Wirtschaft, Sonderdrucke der Deutschen Bundesbank, Nr. 3, Frankfurt am Main 1992 (4. Auflage).

DUWENDAG, D.; K.-H. KETTERER, W. KÖSTERS, R. POHL, D. B. SIMMERT: Geldtheorie und Geldpolitik. Eine problemorientierte Einführung mit einem Kompendium währungspolitischer und bankstatistischer Fachbegriffe, Köln 1993 (4. Auflage).

GRAMLICH, L.: Bundesbankgesetz, Währungsgesetz, Münzgesetz, Köln u. a. 1988.

ISSING, O.: Einführung in die Geldtheorie, München 1991 (8. Auflage).

ders.: Einführung in die Geldpolitik, München 1992 (4. Auflage).

JARCHOW, H.-J.: Theorie und Politik des Geldes (Band I: Geldtheorie, Göttingen 1987 (7. Auflage); Band II: Geldmarkt und geldpolitischer Instrumente, Göttingen 1992 (6. Auflage)).

JARCHOW, H.-J., P. RÜHMANN: Monetäre Außenwirtschaft (Band I: Monetäre Außenwirtschaftstheorie, Göttingen 1991 (3. Auflage); Band II: Internatiponale Währungspolitik, Göttingen 1989 (2. Auflage)).

KÖHLER, C.: Geldwirtschaft (Erster Band: Geldversorgung und Kreditpolitik, Berlin 1977 (2. Auflage); Zweiter Band: Zahlungsbilanz und Wechselkurs, Berlin 1979).

WEIMER, W.: Geschichte des Geldes, Frankfurt am Main, Leipzig 1992.

Willms, M.: Internationale Währungspolitik, München 1992.

Aktuelle statistische Informationen und Kommentierungen im Bereich Geld und Währung enthalten:

Monatsberichte der Deutschen Bundesbank

Geschäftsbericht der Deutschen Bundesbank (erscheint jährlich)

Jahresbericht der Bank für internationalen Zahlungsausgleich, Basel

Register